本書の使い方

JN056657

学習の流れ

「**事例**を読んで，その事例に対応した**ワーク**に取り組む」のが
本書の基本的な学習の流れです。

皆さんに身近な事例が 26 テーマ掲載されています。楽しんで読んでいきましょう。

事例に対応した課題（Study）が掲載されています。調べたことや考えたことを本書に書き込んで取り組みましょう。

紙面の要素

マンガ

事例に関するトピックをもとにしたマンガです。

Key Word

SDGs

Key Word

事例の文中にある重要用語です。

日付記入欄

事例を読み終わった日付を記入しましょう。

advance

advance

進んだ実習課題です。より深く学習する際に取り組みましょう。

QR コード

紙面に掲載している QR コードから，事例の内容に関わる動画や Web ページにアクセスすることができます。

※コンテンツ使用料は発生しませんが，通信料は自己負担となります。

QR コード例

「空飛ぶレジ袋」p.9 事例 2 に掲載

もくじ　Case　Work

Case				Work	

各事例の「関連科目」は，新学習指導要領をもとにまとめています。

あのシーンの舞台 はどこ？

宇治川 水管橋 / 響け！ユーフォニアム（京都府宇治市）

大洗町内 / ガールズ＆パンツァー（茨城県大洗町）

四谷 須賀神社 / 君の名は。（東京都新宿区）

↑種子島宇宙センター
◎巻頭カラー写真

↑『秒速５センチメートル』に登場するコンビニ

1 鹿児島県種子島の概要

　鹿児島県種子島は、本土から南へ約 40km の位置にある島です。高速船に乗れば鹿児島港から約１時間半で到着します。西之表市、中種子町、南種子町という三つの市町から構成されており、人口は約３万人です。鉄砲伝来の地として有名であり、ロケットの打ち上げに使われる種子島宇宙センターも広く知られています。

　観光資源が豊富な種子島ですが、アニメなどのコンテンツを活用した観光客の誘致にも積極的です。種子島は、アニメ『秒速５センチメートル』（新海誠監督）などの舞台です。種子島観光協会は、舞台となった場所の観光を目的に訪れるファンが楽しめるよう、独自に案内マップ（日本語、英語、中国語）をつくるなどして対応しています。

2 フィルム・ツーリズムとは

アニメの舞台や映画，ドラマのロケ地を訪れる消費者が増えています。こうした消費者の行動を**聖地巡礼**といいます。京都アニメーション制作の『らき☆すた』（2007年）が聖地巡礼ブームの先駆け

5 と言われ，近年では新海誠監督の作品『君の名は。』（2016年）や『天気の子』（2019年）によって，聖地巡礼はより一般化しました。

聖地巡礼をする観光客が増えれば，地域の観光産業が活発になるため，作品の舞台となった地域では，誘客活動に力を入れるところも少なくありません。種子島観光協会が聖地巡礼マップを作成した

10 のもその一例です。アニメや映画などの舞台を観光資源にして，観光客の誘致を図る取り組みを**フィルム・ツーリズム**といいます。

3 観光客の誘致に伴う課題

多くの観光客が訪れ，地域が賑わうのは望ましいことです。しかし，観光客の著しい増加は，かえって地

15 域住民の生活に支障をきたしたり，自然環境の破壊をもたらしたりするなど，望ましくない問題も生み出します。こうした現象を**オーバーツーリズム**（観光公害）といいます。例えば，京都市では，**訪日外国人客**（**インバウンド**）が詰めかけて公共交通機関が混雑し，

20 市民の生活に影響が出ていました。観光産業の成功には，観光客と地域住民や自然環境などとの共存を図る**サステナビリティ**（持続可能性）の考え方が重要です。

また，観光産業には，政治や経済，社会などの外部環境の影響を受けやすいという特徴があります。例え

25 ば，国同士の関係悪化や感染症の拡大により，訪日外国人客が大幅に減少したことがありました。そのため，訪日外国人だけでなく，国内の観光客を増やして**観光地経営**の安定化を図ることも必要です。

←種子島の聖地巡礼マップ

▼全国の聖地巡礼の例
・『あの日見た花の名前を僕達はまだ知らない。』（埼玉県秩父市）
・『ガールズ＆パンツァー』（茨城県大洗町）
・『ラブライブ！』（東京都秋葉原）
・『花咲くいろは』（石川県金沢市）
・『氷菓』（岐阜県高山市）
・『響け！ユーフォニアム』（京都府宇治市）
・『艦隊これくしょん−艦これ−』（神奈川県横須賀市など）
・『ひなビタ♪』（鳥取県倉吉市）
・『あまちゃん』（岩手県久慈市）

↑沖縄県の西表島は，2021年に世界自然遺産に登録された。西表島では自然環境のさらなる保護のため，野生動物保護のためのアンダーパス（地下通路）や進入抑制フェンスの設置といった対策が進められている。自然環境保護の一環として目を引くのが厳しい入島や訪問の制限である。例えば，観光スポットの一つ「ピナイサーラの滝」があるヒナイ川では，1日200人以内という厳格な制限が検討されている。　提供：iriomote.com

Key Word

観光資源，聖地巡礼，フィルム・ツーリズム，オーバーツーリズム，訪日外国人客，インバウンド，サステナビリティ，観光地経営

日付記入欄　読んだらチェック！
✓
年　　　　月　　　　日

Study 1 フィルム・ツーリズムを実施している地域を調べよう。また，主な活動内容をまとめよう。

思い浮かばなければ，「聖地巡礼　アニメ」などのキーワードで検索しよう。

アニメや映画のタイトル	フィルム・ツーリズムを実施している地域	主な活動内容
（例）秒速 5 センチメートル	（例）鹿児島県種子島	（例）聖地巡礼マップの作成

advance 調べたことをグループで共有しよう。

Study 2

フィルム・ツーリズムを盛り上げるために，地域の自治体や企業はどのような工夫を取り入れるとよいか考えよう。

自分が聖地巡礼をする観光客になったつもりで考えよう。

フィルム・ツーリズムを盛り上げるアイディア
（例）観光マップや聖地巡礼マップの作成。

advance 自分の考えたアイディアをグループで共有しよう。

Study 3

オーバーツーリズムを解決する良いアイディアがないか話し合おう。

京都市などオーバーツーリズムで特に困っている地域は，どのような対策を考えているのかな。

オーバーツーリズムを解決するアイディア
（例）観光スポットに多言語表記の公共マナー啓発の看板を立てる。

advance グループで話し合った中で出てきた最も良いアイディアをクラスで共有しよう。

SDGsには
どんな目標があるの？

2 飢餓をゼロに

7 エネルギーをみんなに そしてクリーンに

10 人や国の不平等をなくそう

14 海の豊かさを守ろう

「誰一人取り残さない」世界に するための 17 の目標

↑吉本興業所属の芸人

↑なんばグランド花月

1 吉本興業の概要

　吉本興業は，日本を代表する総合エンタテインメント企業の一つです。1912 年に大阪で寄席の経営を開始し，創業 108 年を迎える今日まで業態を拡大してきました。現在は，大阪のなんばグランド花月や東京のルミネ the よしもとなど全国で 14 館の常設劇場を運営。約 6,000 人のタレントやアスリート，文化人などが所属しています。さらに番組をはじめとしたさまざまなコンテンツの制作や地域活性化など幅広い事業を展開しています。吉本興業はこれまでに培ってきた「笑顔」に繋げる活動を通じて，より良い国際社会の実現に貢献，応援するべく，国際社会の一員として SDGs の理念に賛同し，その普及活動に力を入れています。

2 SDGsとは

SDGs（Sustainable Development Goals）とは「持続可能な開発目標」のことです。「誰一人取り残さない」世界の実現を目的として，

5 2015年9月に国連総会で採択されました。現在と将来を生きる，すべての人の幸せを守るために達成するべき17の目標と169のターゲットから構成されています。全世界の国や企業，人々が協力して2030年までの達成を目指しています。

10 企業にとってSDGsは，新規事業を開発するヒントになったり，自社の製品やサービスのプロモーションを行う際の有力な根拠になったりします。SDGsを踏まえたビジネスに取り組むことで，自社と社会，双方の利益を拡大することが期待でき

15 ます。

↑「島ぜんぶでおーきな祭」。吉本興業のタレントが17の目標のプラカードを掲げている。
◎巻頭カラー写真

↑ SDGs新喜劇

3 吉本興業とSDGsとの関わり

吉本興業がSDGsの普及活動に本格的に携わり始めたのは，2017年のことでした。国連広報センター所長からの協力要請があったと言います。吉本興業の得意とする

20 「楽しく，わかりやすく，多くの人々にメッセージを届ける力」が見込まれたのです。協力要請から3か月後に沖縄で開催された「島ぜんぶでおーきな祭」でのSDGs普及イベントを皮切りに，さまざまな場所で楽しみながらSDGsについて理解を深められる「SDGs新喜劇」などを

25 企画して全国各地で実施しています。また，国連広報センターと共同で「SDGsについて考えはじめた人々」などの啓発動画も制作しました。それらの功績が認められ，吉本興業は2017年の「第1回ジャパンSDGsアワード」で「SDGsパートナーシップ賞（特別賞）」を受賞しています。

↑「空飛ぶレジ袋」
国連広報センターと吉本興業が共同して作ったSDGs啓発動画の第3弾として，2019年4月17日から国連広報センターと吉本興業のYouTubeチャンネルで同時公開。地球を将来世代に繋いでいくうえで緊急性の高い「海洋プラスチックごみ」の課題を取り上げ，プラスチックのゴミが，海の生態系を壊している事実を呼び掛けて，国民一人ひとりのアクションを促すことを狙いとした作品である。
出演：しずちゃん（南海キャンディーズ），尾形貴弘（パンサー），関町知弘（ライス），小川暖奈（スパイク）

Key Word

SDGs

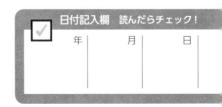

日付記入欄　読んだらチェック！		
年	月	日

Work ワーク 2 笑いと SDGs でみんなを笑顔に

事例
2

Study 1 SDGs に取り組む企業を調べ，どのような活動をしているかまとめよう。

インターネットで「SDGs 企業」と入力して検索するとみつけやすいよ。

企業名	実施している SDGs に関する活動
（例）〇〇引越社	（例）段ボールを再利用し，ごみゼロの引っ越しを目指している。

advance 調べたことをグループで共有しよう。

Study 2 「吉本流」SDGs 大喜利（© 吉本興業）をしよう。SDGs の目標を一つ選び，達成に向けて日常生活や学校でできることをキャッチフレーズにして考えよう。

SDGs の 17 の目標の内容を確認しながら考えよう。

選んだ目標	（例）14　海の豊かさを守ろう	
S	（例）ストローは使いません。	
D	（例）どこでもエコバッグを持参します。	
G	（例）ゴミの分別をします。	
s	（例）先生もやってください。	

advance 自分の考えたキャッチフレーズをグループで共有しよう。

10　ワーク2

Study 3

Study2 で選んだ目標の達成に向けて，日常生活や学校で具体的にどんなことができるか話し合おう。

SDGs の 169 のターゲットに着目すると，良いアイディアが浮かぶかもね。

目標の達成に向けて具体的にできること
（例）住民みんなでゴミ拾い隊を結成して，定期的に活動。きれいで魅力的な街にする。

advance グループで話し合った中で最も良いアイディアをクラスで共有しよう。

SDGs インタビュー

吉本興業の芸人さんに聞きました！

Q: 社会貢献への想いや SDGs の目標達成のために私たちができることを教えてください。

私は芸能界に入ってから 50 年以上，特別養護老人ホームや矯正施設へ慰問を続けていて，今も後輩芸人の皆さんと一緒に福祉の現場へ笑いを届けております。
　これからも互いに支え合い，小さなことからコツコツと頑張っていきます！

西川きよし

身近に出来ること沢山あります。食べ物残さない。シャワー出しっぱなしやめる。スーパーにエコバッグ。お箸持ち歩く。海や川にゴミ捨てない。差別しない。悪口言わない。みんなはお医者さんです。地球が病気になったら助けられるのは地球に住んでいるみんなです。ね。

次長課長　河本準一

メキシコ発，楽しみながら学ぶ施設

海外発の商品や店って身近にあるの？

ドイツ発のスポーツ用品

アメリカ発のファーストフード

アメリカ発のスマートフォン

スウェーデン発のアプリ

↑現実社会の約3分の2，子どもサイズの街並。
◎巻頭カラー写真

↑キッザニアの専用通貨「キッゾ」

1 キッザニアの概要

　皆さんは，「エデュテインメント」という言葉を知っていますか。エデュケーション（教育）とエンターテインメント（娯楽）を掛け合わせた造語で，「楽しみながら学ぶこと」という意味です。キッザニアは，世界中の子どもたちを夢中にする，「エデュテインメント」をコンセプトとした職業・社会体験施設です。 5

　メキシコで誕生したキッザニアは，2006年に東京へやってきました（2009年にキッザニア甲子園，2022年にキッザニア福岡がオープン）。施設内では，実在する企業が提供している約100種類のアクティビティ（仕事やサービスなど）が体験できます。施設内で働くと，キッゾという専用通貨で，給料が渡されます。キッゾは，預金したり，施設内で代金を支払ったりすることができ，施設内では実際のお金と同じように使うことができます。 10 15

2 ローカライゼーションの重要性

　メキシコ生まれのキッザニアが日本で成功した理由を考えるためには，「現地の文化への適応」という視点が重要です。例えば，日本ではとんこつラーメンが人気ですが，豚を食べることが禁じられているイスラム教徒には受け入れられません。このように，国や文化が違えば，消費者の嗜好や行動も異なります。そのため，製品やサービスを海外市場へ展開する際には，現地の消費者の**ニーズ**に適合するよう，調整が必要です。
10　これを**ローカライゼーション（現地化）**といいます。

　キッザニアの場合，日本の施設で職業体験を提供している企業は，本国のメキシコとは異なります。日本人にとって馴染みのある企業や仕事，設備が入っていることで，より親しみがわくのです。

↑株式会社三井住友銀行

↑全日本空輸株式会社（ANA）

3 ローカライゼーションの課題

　海外の消費者のニーズに応えるために，ローカライゼーションは重要です。しかし，製品やサービスのあらゆる側面についてローカライゼーションを行うと，経済的なコストや手間がかかり大変です。そこで，進出元の国と同じ仕様のまま，製品や
20　サービスを展開することもあります。これを**スタンダーダイゼーション（標準化）**といいます。

　キッザニアの場合，出展企業こそ異なるものの，子どもを対象として，楽しみながら職業・社会体験をしてもらうというサービスのコンセプトは，本国メキシコと共通しています。また，
25　施設内に広がる街並も，基本的に本国と同じつくりです。

　海外展開では，ローカライゼーションとスタンダーダイゼーションのどちらか片方を選択すればよいわけではありません。両者のバランスをとることが重要です。

↑サントリー食品インターナショナル株式会社

↑出光興産株式会社

Key Word

ニーズ，ローカライゼーション，現地化，スタンダーダイゼーション，標準化

日付記入欄　読んだらチェック！
☑　　年　　　　月　　　　日

Work ワーク 3　メキシコ発，楽しみながら学ぶ施設

事例
3

Study 1 海外から日本にやってきた企業の製品やサービスには
どのようなものがあるか調べよう。

身近なお菓子や飲み物も，
意外に海外メーカーがつく
っているかもね。

製品名やサービス名	国	サービスの概要
（例）キッザニア	（例）メキシコ	（例）「エデュテインメント」をコンセプトとした子ども向けの職業・社会体験施設。

advance 調べたことをグループで共有しよう。

Study 2 Study1で調べた製品やサービスを提供している企業
が，ローカライゼーションのために工夫したことは何
か考えよう。

製品やサービスの特徴に注
目してみよう。

企業	ローカライゼーションのために工夫したこと
（例）キッザニア	（例）現地の人々にとって馴染みのある企業や仕事，設備をキッザニアに入れて，より親しみがわくようにした。

advance 自分の意見をグループで共有しよう。

Study 3 好きな製品やサービスを選び，それが海外に展開するとしたらどこが良いか，進出先（国や地域）とそこに進出する理由を考えよう。また，進出する際は，どのようなローカライゼーションやスタンダーダイゼーションをするべきか話し合おう。

> うまく海外展開するためには，現地の人々を理解しないといけないね。

製品名やサービス名	（例）ガリガリ君	
進出先と進出する理由	（例）アフリカ	（例）赤道直下で暑い国が多いから，冷たいガリガリ君は流行るはず。
ローカライゼーション	（例）イメージキャラクターが個性的過ぎるので，アフリカに馴染むタッチのキャラクターに変更する。	
スタンダーダイゼーション	（例）かき氷をアイスキャンディーで包む仕様は維持する。食感と味はそのままにする。	

製品名やサービス名		
進出先と進出する理由	【進出先】	【理由】
ローカライゼーション		
スタンダーダイゼーション		

advance グループで話し合った内容をクラスで発表しよう。

ネットとリアルが融合した次世代型の流通業

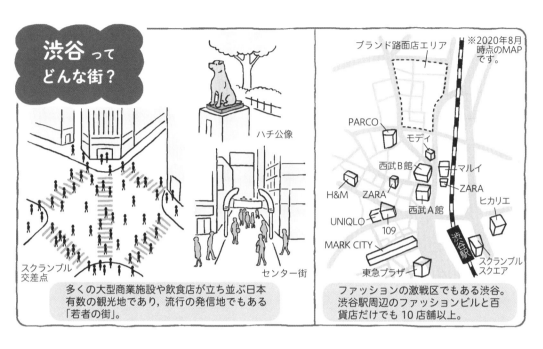

渋谷ってどんな街？

ハチ公像

スクランブル交差点

センター街

多くの大型商業施設や飲食店が立ち並ぶ日本有数の観光地であり，流行の発信地でもある「若者の街」。

ブランド路面店エリア　※2020年8月時点のMAPです。

PARCO
モディ
西武B館
マルイ
H&M
ZARA
ZARA
西武A館
ヒカリエ
UNIQLO
109
MARK CITY
渋谷駅
東急プラザ
スクランブルスクエア

ファッションの激戦区でもある渋谷。渋谷駅周辺のファッションビルと百貨店だけでも10店舗以上。

↑リニューアルした渋谷パルコ

↑Welcome! SHIBUYA PARCO 〜50年目からの，新しいパルコ。〜

↑多言語インフォメーションシステム

1 「次世代型商業施設」渋谷パルコ

　2019年11月，約3年にわたる建替え工事に伴う休業を経て，渋谷パルコが再開業しました。渋谷パルコが最初に開業したのは1973年のことです。それ以来，物を売るだけでなく，アートやエンターテインメントなど文化の発信地としての役割を担ってきました。再開業後，渋谷パルコが掲げているコンセプトは「次世代型商業施設」です。コンセプトの通り，渋谷パルコでは，館内のいたるところで最新のICTが用いられています。例えば，店内に7か所ある店内案内には，AIを搭載した多言語対応のインフォメーションシステムがあり，質問者が選択した言語によって回答が表示されるようになっています。

2 オムニチャネル型店舗の導入

　ICTを用いた取り組みの中で，大きな注目を集めているものの一つが，5階のPARCO CUBEで展開されているオムニチャネル型店舗です。**オムニチャネル**とは，複数のチャネルを統合し，継ぎ目のない買い物経験の提供を目指した取り組みのことです。継ぎ目のない買い物経験の提供は，消費者がいつでもどこでも買える仕組みづくりと言い換えることもできます。PARCO CUBEでは，従来の半分程度の店舗面積に，限定商品などを重点的に陳列しています。その他の商品の陳列は減りますが，もし来店客が欲しいと思った商品の在庫が店舗に無くても，エスカレーター脇や各店舗にある大型ディスプレイに表示されたQRコードをスマートフォンなどで読み取ることで，ECサイト上で購入できます。このような仕組みにより，小さい店舗面積でも高い売上があげられます。

↑ PARCO CUBE

↑ PARCO CUBEの大型ディスプレイ　◎巻頭カラー写真

3 消費者行動の変化とオムニチャネル

　ECサイトで多くの商品が購入できる現代でも，実物を直接確かめて買いたいと思う人は多くいます。実物を店舗で確認したうえで，利便性の高いECサイト上で商品を購入する**ショールーミング**は，実店舗を展開する小売業の脅威として捉えられていました。しかし，PARCO CUBEのように，ショールーミングにも対応できるオムニチャネル型の実店舗も増加しています。

　近年では，インターネット上で商品を検索したり確認したりしてから，実店舗で購入する**ウェブルーミング**もみられます。今後は，実店舗とインターネットを結び付けたオムニチャネルへの取り組みがますます重要になります。

▼ショールーミングとウェブルーミング

ショールーミング	ウェブルーミング
店舗で商品を確認し，ECサイトで購入	ECサイトで商品を確認し，店舗で購入

Key Word

オムニチャネル，ショールーミング，ウェブルーミング

日付記入欄　読んだらチェック！

	年	月	日
✓			

ワーク 4 ネットとリアルが融合した次世代型の流通業 事例4

Work ワーク 4 ネットとリアルが融合した次世代型の流通業 事例 4

Study 1 最近，自分がしたショールーミングやウェブルーミングを整理しよう。また，他の人の考えについても調べよう。

最近，購入したものを思い出してみよう。

購入した商品	具体的な行動
（例）スニーカー	（例）店舗で気に入ったスニーカーを見つけ，試着もしてみたが，インターネットで調べると，もっと安く購入できる Web サイトを発見したため，そちらで購入した（ショールーミング）。
【自分】	
【ほかの人】	
【ほかの人】	
【ほかの人】	

advance どのような商品がショールーミングされやすいか考えよう。

| Study 2 | 実店舗とEC サイトを持つ小売業が行う連携の工夫を調べて，それぞれどのような効果があるか考えよう。 | 実店舗とEC サイトを持つ企業を見つけよう。 |

企業	連携させる工夫	効果
（例）渋谷パルコ	（例）オムニチャネル型の店舗 PARCO CUBE の展開	（例）消費者に，継ぎ目のない買い物経験を提供している。

advance 他にどのような工夫が考えられるか話し合おう。

| Study 3 | オムニチャネルの実現が企業にもたらすメリットについて，話し合おう。 | 実店舗とEC サイトが結びついてない場合と比較してみよう。 |

オムニチャネルが企業にもたらすメリット
（例）実店舗の店舗面積当たりの売上高が増加し，販売効率が上がる。

advance オムニチャネルがもたらすデメリットがないか話し合おう。

地元の魅力でおもてなし

ホテルにはどんな種類があるの？

リゾート地

都市部

都市部

ビジネス客

観光客

観光客

ビジネスホテル

リゾートホテル

都市型観光ホテル（OMO）

▼ OMO の位置どり

	ビジネス客	観光客
都市部	ビジネスホテル	OMO
観光地 (リゾート)		リゾートホテル

↑ OMO7 旭川の OMO レンジャー
提供：星野リゾート　◎巻頭カラー写真

1 星野リゾートの新ブランド OMO

　星野リゾートは，その土地の歴史や風土を生かした旅館やホテルを全国各地で運営する企業です。星野リゾートは，五つのブランドを展開しており，2018 年からは都市型観光ホテルの OMO を展開しています。

　OMO のコンセプトは，「寝るだけでは終わらせない，旅のテンションを上げる都市観光ホテル」です。OMO は，都市部に立地しながら，ビジネス客ではなく観光客をターゲットとしています。2020 年現在，旭川市，川崎市，豊島区大塚の 3 都市で営業しています。各ホテルでは，OMO レンジャーを名乗る従業員が，ホテル周辺の魅力的な店や観光スポットを発掘し，観光客に紹介するGo-KINJO サービスを提供しています。

2 観光産業の課題であるコモディティ化

消費者からみて，新たな商品が一般的な商品になることで，製品やサービスごとの性能や品質の違いがなくなる状態を**コモディティ化**といいます。品質が同じなら，多くの消費者は安いものが欲しいと考えます。すると，企業間の価格競争が激しくなり，結果としてどの企業も利益が減少するという課題が生じます。

コモディティ化は，観光産業でもみられます。日本の宿泊施設は，**おもてなし（ホスピタリティ）**という言葉に象徴されるように，高品質のサービスを提供しています。一方，安い宿泊施設でも，最低限受けられるサービスの質は十分に保証されています。そこに，宿泊料金を簡単に比較できるオンライン予約サイトが普及したことで，宿泊施設間の価格競争が一段と激しくなっています。

3 コモディティ化への対応策

観光産業がコモディティ化を回避するにはどうすればよいでしょうか。回避のためのキーワードとなるのが**オーセンティシティ（本物感，真正性）**です。オーセンティシティは，観光客が対象（観光地など）について感じる本物らしさという意味です。観光客は，地域に根付いた文化や人々の普段の暮らしを垣間見ることのできる「地元感」のある場所に対して，オーセンティシティを感じます。宿泊業がコモディティ化を避けるには，その土地や宿泊施設でしか味わえない経験を提供することが有効です。OMOレンジャーによる地域の魅力の掘り起こしは，観光客にオーセンティシティを感じさせるための有効な手段です。

↑ Go-KINJO のアクティビティの例
提供：星野リゾート

 ← 『Go-KINJO』星野リゾート OMO

↑予約サイトでは「料金の安い順」に宿泊施設を並べ替えて比較することができる。

↑「古き良き日本」の姿を残す下町は，観光客がオーセンティシティを感じる場所の一つである。
提供：谷中銀座商店街振興組合

Key Word

コモディティ化，おもてなし，ホスピタリティ，オーセンティシティ

日付記入欄　読んだらチェック！
☑ 　　年　　　月　　　日

Work
ワーク 5 地元の魅力でおもてなし

事例
5

Study 1

地域の伝統や文化を売りにした宿泊施設にはどのようなものがあるか調べよう。

> インターネットや旅行雑誌などが参考になるよ。

宿泊施設名	（例）星野リゾート　OMO7 旭川
所在地	（例）北海道旭川市
概要（売りにしている伝統や文化）	
（例）旭川のディープな小路。ラーメンや新子焼き，塩ホルモンなどの旭川グルメ。	

宿泊施設名	
所在地	
概要（売りにしている伝統や文化）	

宿泊施設名	
所在地	
概要（売りにしている伝統や文化）	

advance 調べたことをグループで共有しよう。

Study 2

外国人観光客に，オーセンティシティを感じさせる地域や場所を紹介するとしたらどこがよいか，理由とともに考えよう。

地元の魅力を考えることがヒントになるよ。

地域・場所	理由
（例）○○商店街	（例）昔からある個人商店が多く，歴史を感じることができるから。

advance 考えた理由をグループで共有しよう。

Study 3

あなたの地元の自慢できるところを挙げて，地元でホテルを開業するとしたらどのようなコンテンツを売りにするか，話し合おう。

観光客の立場になって考えよう。

地元	地元の自慢できるところ	ホテルのコンテンツ
（例）北海道旭川市	（例）ディープな小路。	（例）ガイドとともに，小路を巡るツアー。

advance グループで出てきた中で最も良いアイディアをクラスで共有しよう。

Case 事例 6 シェアでみんなをハッピーに

ウーバーイーツ ってどんなサービス？

1 アプリで，地域やジャンルからお店を検索，注文する。

外は雨だし

お昼ご飯はウーバーイーツにしよ。

お客

2 配達員が注文情報をキャッチ。店側にも注文が完了している。

配達員

飲食店

注文来たぞ。YYカレーか。

3 配達員がお店に食事を取りに。すでに持ち帰りの準備ができていることも。

ウーバーイーツです。お食事取りに来ました。

配達員

お待たせしました。ウーバーイーツです。

お客

ありがとうございます。

配達員

4 配達完了。支払いは，アプリで決済。食事代に加えて手数料がかかる。

↑配達パートナー
◎巻頭カラー写真

→アプリ画面

1 Uber Eats の概要

　近年，**プラットフォーマー**と呼ばれる取引や情報交換の場を提供する企業が注目されています。Uber Eats は，飲食店，消費者，配達人の三者を繋ぐフードデリバリー・サービスのプラットフォーマーです。Uber Eats の画期的な点は，配達パートナーと呼ばれる配達人の存在です。配達パートナーは，飲食店や Uber の社員ではありません。普段は，他の仕事をしていたり，学生だったりする人たちで，事前にアプリに登録し，空き時間を活用して配達の仕事をしています。

　Uber Eats の登場により，人手の少ない飲食店でもデリバリーが提供可能となり，収益獲得の機会が広がりました。消費者にとっても，デリバリーで注文する選択肢が増えます。Uber Eats は，飲食店，消費者，働き手（配達パートナー），三者にとって新しい価値を生み出したサービスです。

2 シェアリング・エコノミーとは

　消費者の意識が「所有」から「共有」へと移り変わりつつあります。例えば，洋服や時計の場合，かつてはお店で購入するのが一般的でしたが，現在では**フリマアプリ**を介した CtoC 取引（消費者間の取引）や定額制のレンタルサービスの利用などが広まりつつあります。このように「活用可能な資産（場所，モノ，スキル等）と，それを使いたい個人等を結び付けるサービス」（消費者庁 2019）を**シェアリング・エコノミー**といいます。プラットフォーマーは，シェアリング・エコノミーを提供する企業です。シェアリング・エコノミーは，シェア（共有）の対象によって，「空間のシェア」「モノのシェア」「スキルのシェア」「移動のシェア」「お金のシェア」の五つに分類されます。

3 シェアリング・エコノミーの動向と課題

　シェアリング・エコノミーの経済規模は，2018年度に 1 兆 8,000 億円を超え，今後も拡大が予測されています。しかし，シェアリング・エコノミーの健全な発展のためには，解決しなければならない課題もあります。具体的には，サービス利用者の取引の安全性を高める仕組みを確立することです。**民泊**やフリマアプリのように，シェアリング・エコノミーでは CtoC 取引が少なくありません。そのため，代金を支払ったにもかかわらず商品が発送されない，サービスの提供が行われないといったトラブルも起きています。そこで，プラットフォーマーがサービス提供者の身元やサービス提供能力の確認を徹底して，利用者が安心できる環境を整えることが重要です。

Key Word

プラットフォーマー，所有，共有，フリマアプリ，シェアリング・エコノミー，民泊

▼シェアリング・エコノミーの種類

種類	キーワード
空間のシェア	ホームシェア，民泊，駐車場，会議室
モノのシェア	フリマ，レンタルサービス
スキルのシェア	家事代行，育児，知識，料理，介護，教育，観光，デリバリー
移動のシェア	ライドシェア，シェアサイクル，カーシェア
お金のシェア	クラウドファンディング

▼シェアリング・エコノミーの市場規模

市場規模合計

18年度
1兆8,874億円

30年度
11兆1,275億円

ベースシナリオ　：現状のペースで成長した場合
課題解決シナリオ：成長の課題が解決した場合
※一般社団法人シェアリングエコノミー協会「シェアリングエコノミー市場調査2018」より作成。

シェアでみんなをハッピーに

事例
6

Study
1
シェアリング・エコノミーを手がける企業を調べよう。

> p.25 にあるように，シェアリング・エコノミーには五つの種類があるよ。

企業名（サービス名）	サービスの概要
（例）Uber Eats	（例）フードデリバリー・サービス。アプリに登録した配達パートナーが，飲食店の料理を届けてくれる。

advance 調べたことをグループで共有しよう。

Study 2	シェアリング・エコノミーのメリットとデメリットを考えよう。

利用者の立場だけでなく，サービス提供者の立場にもなって考えよう。

メリット	デメリット
（例）人手が少ない飲食店でも，デリバリーが可能になる。	（例）注文した商品が消費者に届かないなど，トラブルが起きる可能性が高くなる。

advance 考えたメリットとデメリットをグループで共有しよう。

Study 3	どのようなシェアリング・エコノミーのサービスがあれば流行りそうか，話し合おう。サービスの名称を考えて，概要をまとめよう。

どのようなニーズと資産（スキルなど）をマッチングさせるか明確にしよう。

サービス名	（例）Uber Eats
サービスの概要	（例）フードデリバリー・サービス。飲食店が持つデリバリーする人手が欲しいというニーズと配達人の空き時間という資産をマッチングさせた。

サービス名	
サービスの概要	

サービス名	
サービスの概要	

advance グループで最も良いアイディアを選び，クラスで発表しよう。

市場調査データの活用方法

市場調査ってどんな種類があるの？

アンケートなどを取りにくい場合に実施	対話形式にすることで，消費者を深く理解	消費者に関する客観的なデータを収集
観察法	**フォーカス・グループ・インタビュー**	**実験**

1 市場調査とは何か

　マーケティングでは，市場を「消費者のあつまり」と考え，消費者ニーズを調査する**市場調査**を行います。市場調査には二つの方法があります。一つは**定性調査**といい，個人や集団を対象にした**インタビュー法**や，普段の生活や行動を見る**観察法**が代表的です。もう一つは**定量調査**といい，あらかじめ決まった質問票に数字などで回答する**アンケート**が代表的です。　　　　　　　　　　　　　5

　市場調査で集められたデータは，エビデンス（根拠，証拠）としてさまざまなビジネスの場面で説得力を上げるために活用されます。　10

製品Aの売上
2015年
2020年

製品Aの売上がここ数年減少している

時代が変わってターゲットの消費者の好みが変化したことについて行けていない？

消費者の好みを調べて製品を改良しよう！

①現状把握　→　②仮説導出　→　③仮説検証

❷ 市場調査で集めたデータの使い方

(1)消費者ニーズを捉えた商品開発…ライオンが販売するルックプラス バスタブクレンジングは，2018年9月の発売から1年で2,200万個を売り上げるヒット商品になりました。この商品の開発には，市場調査で集めたデータが活用されました。ライオンは，消費者にとって毎日のお風呂掃除は大変だろうと思っていました。そこで，消費者のお風呂掃除を観察し，浴そうをゴシゴシとこする行為が掃除の頻度も高く，消費者の一番の負担になっていることを発見しました。だからライオンは，「こすらずにバスタブを洗える浴室用洗剤」を開発，販売しました。

(2)社内プレゼンテーションでの説得…明治が販売するザ・チョコレートは，発売後1年で3,000万個を売れたヒット商品です。自社で開発に携わった，6か国の厳選されたカカオ豆を使用した品質に加えて，シンプルなパッケージが好評を得ています。箱型のそのパッケージは，消費者によって小物入れやノートの表紙，アクセサリーにアレンジされ，Instagram や Twitter にも投稿されています。

　発売前の社内でのプレゼンテーションでは，このパッケージに対する戸惑いがありました。従来のパッケージは，商品の中身の写真を掲載したり，味や成分を文字で説明したりしていましたが，ザ・チョコレートはカカオ豆を大胆にあしらったシンプルなデザインでした。チョコレートが持つ癒しやつくり手の想いが表現されています。このパッケージを採用する決め手の一つになったのが，市場調査で9割以上の人から好感を持ってもらえたことでした。このデータがエビデンスとなり，プレゼンテーションの説得力が高まったのです。

↑ルックプラス バスタブクレンジング
これまで行われていた機能を付け足していく開発ではなく，消費者が本当に大変だと感じている浴そうを洗う行為そのものを解消するという，視点を変えたゼロからの開発を行ったことが，画期的な商品の開発に繋がった。

←ルックプラス バスタブクレンジングの商品説明動画

↑ザ・チョコレート　◎巻頭カラー写真

Key Word

マーケティング，市場調査，定性調査，インタビュー法，観察法，定量調査，アンケート，パッケージ

日付記入欄　読んだらチェック！

✓	年	月	日

Study 1

企業や店舗が行っているアンケート調査を調べよう。

お店に置いてあるアンケート調査票を参考にしてもいいよ。

企業・店舗	テーマ	具体的な質問項目
（例）牛角〇〇店	（例）顧客満足度	（例）「料理の美味しさ」「従業員の接客態度」

advance 何を目的に企業や店舗はアンケート調査をしているのか考えよう。

Study 2

好きなお菓子を一つ選び、インタビューでパッケージの印象について「不満な点」を調査し、仮説を立てよう。

仮説とは、仮定の説明のこと。「色をカラフルにすればお菓子の魅力が伝わる」のような仮説を立てよう。

お菓子	（例）〇〇アイス	
インタビュー相手		不満な点
（例）A君		（例）どんな味か見ただけではわかりづらい
仮説	（例）パッケージの色を味を表現する色にすればアイスの魅力が伝わる	

お菓子		
インタビュー相手		不満な点
仮説		

advance パッケージの「良い点」も聞いてみよう。

Study 3
パッケージのイラストを書いて，クラスメイトを対象に，その評価を5点満点で答えてもらうアンケート調査をしよう。また，平均点を求めて，パッケージの魅力をまとめよう。

20人ぐらいに聞いてみよう。5点満点中4点以上が好評価だよ。

【パッケージのイラスト】

アンケート例

質問項目	そう思わない	ややそう思わない	どちらでもない	ややそう思う	そう思う
このパッケージはカワイイ	1	2	3	4	5
このパッケージはオシャレ	1	2	3	4	5

回答者数（n = 20）　質問①：平均点4.2点　質問②：平均点3.8点

回答者数	
質問項目	平均点

advance 質問を5個程度つくってアンケートをしよう。

小売業が把握する情報からみえるもの

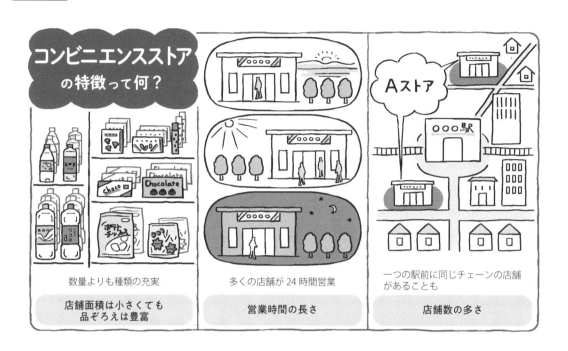

コンビニエンスストア の特徴って何？

数量よりも種類の充実

店舗面積は小さくても品ぞろえは豊富

多くの店舗が24時間営業

営業時間の長さ

一つの駅前に同じチェーンの店舗があることも

店舗数の多さ

▼セブン - イレブンの店舗数の推移

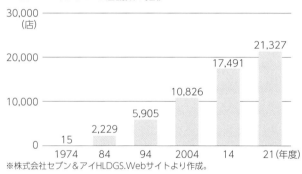

30,000（店）

1974	84	94	2004	14	21（年度）
15	2,229	5,905	10,826	17,491	21,327

※株式会社セブン＆アイHLDGS.Webサイトより作成。

▼セブン - イレブンの国内売上高の推移

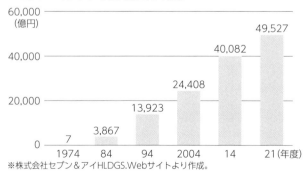

60,000（億円）

1974	84	94	2004	14	21（年度）
7	3,867	13,923	24,408	40,082	49,527

※株式会社セブン＆アイHLDGS.Webサイトより作成。

1 セブン - イレブンの歴史

　コンビニエンスストアのチェーンであるセブン - イレブンの店舗は，2020年1月末時点で20,964店あります。日本国内にあるセブン - イレブンの歴史は，1974年に東京都江東区に第一号店をオープンしたことから始まります。1984年に2,000店舗を超えると，2003年には10,000店舗を達成するなど，大きな成長を遂げてきました。チェーン売上高は4兆9,527億円になり（2021年度），コンビニエンスストアのチェーンで国内最大規模になりました。コンビニエンスストア市場全体が拡大傾向にあり，コンビニエンスストアは私たちの普段の生活になくてはならない存在です。

2 セブン‐イレブンによる情報の活用

　セブン‐イレブンが大きく成長した要因の一つに，顧客行動の巧みな把握が挙げられます。コンビニエンスストアの特徴の一つは，売り場面積の小ささです。コンビニエンスストアの売り場を最大限に活用するためには，陳列する商品の入れ替えを頻繁に行う必要があります。そこで，味やサイズなど，商品を最大限細分化して管理し，売れ筋の商品を正確に把握することで，商品を入れ替え，人気の商品だけを取りそろえるようにしています。また，販売された数を正確に把握すると，適切な在庫の補充が可能になり，欠品状態を防ぐこともできます。こうした管理を可能にしたのが POS システム（販売時点情報管理）を備えたレジです。こうしたレジでの会計を通じて，何がどれほど売れたのかが常時管理できるのです。近年では，電子マネー nanaco などと連動して販売情報と**顧客情報**を結び付けられる POS が導入され，より高度な管理も可能です。

↑ POS 機能を備えたレジ

↑ 適切な在庫管理がされた売り場

3 情報を活用した商品開発

　消費者ニーズの多様化に伴い，多くの**小売業**が **PB 商品**を販売しています。セブン‐イレブンでも，さまざまなメーカーと協力しながら，品質や安全性にこだわった商品開発が進められています。販売情報は，こうした商品開発にもヒントをもたらします。従来，冷凍チャーハンは，自宅に持ち帰って食べられる商品だと考えられていました。しかし，「自宅外でも食べたいという消費者ニーズがあるのでは」と考えた商品開発担当者が販売データを丹念に確認してみると，高校や大学に近い店舗などでも売上が伸びていたのです。店舗に足を運んで確認してみると，一人前の冷凍チャーハンを解凍し，その場で食べている学生の姿がありました。この発見から，外出先でも手軽に食べられるカップに入った冷凍チャーハンが 2018 年に発売されました。このように，データの丹念な分析は消費者ニーズ発見の種となり，商品開発に新たな視点をもたらします。

↑データを活用した PB 商品の開発　◎巻頭カラー写真

Key Word

コンビニエンスストア，POS システム，顧客情報，小売業，
PB 商品

日付記入欄　読んだらチェック！		
年	月	日

Study 1 身の回りにある PB を取り上げ，それぞれの PB とそれらを展開している小売業について調べよう。

近くのお店にはどんな PB があるか，みてみよう。

PB や PB 商品の名前	展開している小売業	展開の仕方
（例）シンプルが旨い カップ炒飯	（例）セブン - イレブン	（例）セブン＆アイ ホールディングス傘下のイトーヨーカドーやヨークベニマルなどでも展開。

advance 調べたことをグループで共有しよう。

Study 2

なぜ PB が消費者の支持を集めるようになったか考えよう。

あなたが PB 商品を買う理由を思い返してみよう。

支持を集めるようになった理由
（例）NB 商品に比べて安く感じるから。

advance 小売業が PB にどのような役割を期待しているか考えよう。

Study 3

あなたがコンビニエンスストアの商品の開発者だとしたら，どのような PB 商品を開発しますか。売れそうな商品を考えて，グループで話し合おう。

実際のお店やインターネットでどのような商品があるか調べよう。

商品の名前	商品の特徴
（例）シンプルが旨い カップ炒飯	（例）自宅以外の場所でも食べられるようにした，カップに入った冷凍チャーハン。

advance 価格やパッケージなど，具体的な販売方法も考えよう。

コラボレーションして商品を開発する

コラボレーション って何？

お菓子メーカーが共同して，お菓子の未来を創造

お菓子メーカー
×
お菓子メーカー

コンビニエンスストアで，本格的なチョコレート菓子を提供

コンビニエンスストア
×
高級チョコレートブランド

ロボットアニメの世界観を活かしたパッケージと PR

製薬会社
×
ロボットアニメ

↑トートバッグ

↓スマホケース　◎巻頭カラー写真

BEAMS COUTURE 第二弾↑
プレスリリース

1 BEAMS COUTURE × Ziploc によるコラボレーション

BEAMS COUTURE は，BEAMS の倉庫に眠るデッドストック品などに，丁寧な手仕事を加えて**アップサイクル**することで「自分だけの特別な一着」を届けている**ブランド**です。アップサイクルとは，古くなったものや，不要になったものを工夫して，新たな価値を持ったものへ生まれ変わらせることです。

2018 年と 2020 年には，BEAMS COUTURE の取り組みに共感した旭化成ホームプロダクツが販売する Ziploc とコラボレーションを行い，バッグや小物などを，共につくり上げていきました。このコラボレーションには二つの利点があります。一つ目は，使い捨てのイメージがあるビニール製品にファッション雑貨として長く使える価値を与えたことです。二つ目は，Ziploc に財布やパスポートケースなどの新しい使い方を提案していることです。

2 午後の紅茶×ポッキーによる食べ合わせのコラボレーション

　キリンが販売する午後の紅茶と江崎グリコが販売するポッキーは，2015年から2019年まで毎年コラボ商品を発売しました。コラボ商品には，

5　「○○味ポテトチップス」のように，一つの商品で完結するものは多くあります。しかし，午後の紅茶とポッキーのコラボレーションは一味違いました。二つのパッケージを繋げると1枚の絵になり，さらに「午後の紅茶 マスカルポーネ薫る

10　チーズミルクティー」と「ほろにがコーヒー&ココア ポッキー」を食べ合わせると，ティラミスのような味になるといった仕掛けがあります。

3 話題化とブランド価値の向上

　コラボレーションの目的の一つは，話題化です。業種

15　が異なる企業がコラボレーションすることで，ニュースに取り上げられたり，クチコミが拡散されたりして，世間の話題にのぼりやすくなります。ただし，打ち上げ花火のように一度話題になって終わりでは，お互いのブランドを使い捨てにするようなものです。

20　そこで重要になるのが，コラボレーションによってお互いのブランドの価値が相乗効果で高まるのか，という観点です。BEAMS COUTURE はビニール製品をアップサイクルでき，Ziploc は持ち運びにも便利な商品であるという価値を消費者に提案できており，お互いのブ

25　ランド価値が高まっています。午後の紅茶とポッキーも，それぞれのおいしさに加えて，組み合わせた味を提案することで，お互いの価値を高め合っています。

↑「午後の紅茶 マスカルポーネ薫るチーズミルクティー」と「ほろにがコーヒー&ココア ポッキー」

あわせて ティラミス!?

Key Word

アップサイクル，ブランド，コラボ商品，パッケージ，話題化，クチコミ

日付記入欄　読んだらチェック！

☑　　　　年　　　　　月　　　　　日

Study 1

現在，コラボレーションはさまざまな企業同士で行われています。企業同士がコラボレーションしている商品や店舗を調べよう。

7&i と日清食品の「蒙古タンメン中本」，ビックカメラとユニクロの「ビックロ」などもあるよ。

コラボ企業	業種	商品・店舗
（例）キリン×江崎グリコ	（例）飲料メーカー×菓子メーカー	（例）「午後の紅茶 マスカルポーネ薫るチーズミルクティー」と「ほろにがコーヒー＆ココア ポッキー」

advance なぜこの企業がコラボレーションをしたのか考えよう。

Study 2

企業が，他の企業とコラボレーションをするメリットとデメリットを考えよう。

例えば，違う学校の人と一緒に何かに取り組んだら，どんなことが起きるか想像しよう。

メリット	デメリット
（例）新しいアイディアがひらめく	（例）会議の時間や場所の調整に手間がかかる

advance 同じ企業の中ばかりでアイディアを出す問題点も考えよう。

Study 3

二つ以上の企業がコラボレーションして開発したら，話題になったりブランドの価値を上げたりできそうな商品のアイディアを話し合おう。

家での料理でもコラボして工夫してないかな。

企業①	企業②	商品
（例）まるか食品	（例）クノール	（例）ペヤング焼きそば　コーンスープ味
コラボ理由	（例）ペヤングにコーンスープをかけたり，つけたりして食べるとおいしいと，YouTube や Twitter で話題になっているの。	

企業①	企業②	商品
コラボ理由		

企業①	企業②	商品
コラボ理由		

企業①	企業②	商品
コラボ理由		

advance　「ビックロ」のような店舗同士のコラボレーションのアイディアも出してみよう。

事例 10 「好き」を支えるブランドの力

ロングセラーブランド って何？

ハリウッドセレブが自家用ジェットで買いに行く

アイスクリームブランド

宮沢賢治にも愛されていた炭酸飲料 当時は天ぷらそばよりも高価

炭酸飲料ブランド

御所御用の和菓子で数々の著名人にも愛されてきた

和菓子ブランド

1 コカ・コーラとサンタクロース

サンタクロースを思い浮かべてください。多くの人が赤と白の洋服に身を包んだ陽気で優しそうな恰幅の良いおじいさんを思い浮かべたのではないでしょうか。実は，このようなサンタクロース像が広まったのは，世界的な**ロングセラーブランド**であるコカ・コーラの**広告**がきっかけだと言われています。ロングセラーブランドとは，長い年月にわたって顧客から愛されている**ブランド**のことです。

↑サンタクロースが登場するコカ・コーラの広告
◎巻頭カラー写真

1931 年にコカ・コーラの広告に登場した画家のハッドン・サンドブロムの描いたサンタクロースが，コカ・コーラの広がりとともに全世界に広まっていったと言われています。こうした経緯もあり，近年のクリスマス時期のコカ・コーラの広告にも，真っ赤な衣装に身を包んだサンタクロースが登場しています。コカ・コーラとクリスマスやサンタクロースに何となく結びつきを感じる人も多いかもしれません。

2 ブランドの評価と連想

　ブランドの構築には，そのブランドから生まれる連想が重要です。ブランドから好ましい物やイベント，人が連想されるのであれば，消費者のブランドに対する評価が向上しやすいからです。多くの人がサンタクロースを好ましく捉えていれば，コカ・コーラの評価も向上しやすくなります。

　コカ・コーラは，さまざまな取り組みを通じて好ましい物やイベントなどとの結びつきを強めています。オリンピックの支援はその一例です。企業によるオリンピックのマークや名称の使用には詳細なルールが決められており，支援している企業にのみその利用が認められます。多くの人に熱狂や感動をもたらすオリンピックとの結びつきを通じて，ブランド評価の向上が目指されているのです。

3 ブランド要素の管理

　さまざまな取り組みを行っても，それがコカ・コーラによって行われていると顧客に認識されなくては，有効な結果を得ることはできません。そのため，**ロゴ**や**スローガン**，**パッケージ**といったブランドを識別するための**ブランド要素**の管理が重要です。例えば，コカ・コーラのロゴは1886 年に登場した最初のデザインを踏襲したものが使われており，コカ・コーラになくてはならない存在です。また，コカ・コーラのビンのボトルは，暗闇で触ってもそれがコカ・コーラであることが分かる形状として導入されたと言われています。このボトルはコンツアー・ボトルと呼ばれ，日本初の**立体商標**として認められました。競合企業による模倣が法律で禁じられたことにより，消費者はますますコンツアー・ボトルからコカ・コーラを識別しやすくなったのです。

Key Word

ロングセラーブランド，広告，ブランド，ロゴ，スローガン，パッケージ，ブランド要素，立体商標

←コカ・コーラジャーニー Woodruff Video Coca-Cola Journey

▼コカ・コーラから生まれる連想

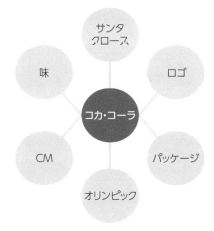

↑コカ・コーラのロゴ

↑コンツアー・ボトル

日付記入欄　読んだらチェック！

	年	月	日
✓			

ワーク 10　「好き」を支えるブランドの力

Study 1　本文で取り上げたロゴ，スローガン，パッケージ以外に，どのようなブランド要素があるかを調べよう。

インターネットや書籍を使って調べよう。

ブランド要素	ブランド要素の説明
（例）パッケージ	（例）商品の容器や包装のこと。店頭でのコミュニケーションに有効。

advance　それぞれの要素をどのように活用すると効果的か考えよう。

Study 2　特定のブランドを取り上げ，ブランド要素としてどのようなものがあるかを調べよう。

普段，購入する商品について調べよう。

ブランド	ブランド要素	ブランド要素の特徴
（例）コカ・コーラ	（例）①ロゴ ②パッケージ	（例）①1886年に導入された初代のロゴを踏襲 ②コンツアー・ボトルは立体商標に登録

advance　それぞれの要素がどのように変更されてきたのか調べよう。

Study 3	自分の学校のブランド要素とその特徴は何かまとめよう。また，新たなブランド要素を追加するとしたら，どのようなものが良いか話し合おう。	まずは今あるブランド要素を思いつくだけ挙げて整理しよう。

現在のブランド要素	現在のブランド要素の特徴
（例）ロゴ	（例）校章は，みずみずしい若葉をモチーフにデザインが施されている。
追加するブランド要素	具体的なアイディア
（例）スローガン	（例）学びの目標として「一生懸命な学び」というフレーズを設定する。

現在のブランド要素	現在のブランド要素の特徴
追加するブランド要素	具体的なアイディア

advance グループで話し合った中で出てきた最も良いアイディアをクラスで共有しよう。

生産と流通における ICT の導入

1 サプライ・チェーン・マネジメント

　企業活動には，原材料の調達や製造，販売などさまざまな活動が含まれ，それぞれの活動を効率的に調整する必要があります。これらの活動が適切に調整できなければ，市場でよく売れている商品の製造が間に合わずに販売機会を逃したり，需要よりも多くの製品をつくり在庫費用がかさんだりしてしまいます。原材料の調達から販売までの流れを管理することを**サプライ・チェーン・マネジメント**（**SCM**）といいます。効率的なサプライ・チェーン・マネジメントを実現するためには，それぞれの部門間で相互に情報を伝達する必要があり，その機能を ICT が支えています。

↑タビオの綿花畑

2 タビオの「お店の隣に工場がある」システム

　タビオは，1968 年に創業された靴下の企画，販売を行う企業です。従来，靴下などの衣料品は，春夏物であればその半年前の秋冬の時期にデザインを決め，生産量を決めることが慣例でした。そのため，実際に何が流行るかがわかる前にデザインと生産量を決めることに

↑タビオの靴下製造工場

なり，販売機会のロスや在庫費用の増大が生じていました。このような問題を解決するため，タビオは情報システムの開発に着手し，販売店で売れた分だけ生産する体制の整備を目指しました。このような仕組みを実現するためには，少量の単位の生産に対応できる機

5 械設備や，情報システムに対する追加的な投資を協力工場に要請する必要がありました。当初，協力工場は難色を示しましたが，タビオの社長の粘り強い説得と以前から培われてきた信頼関係によって，協力工場からの合意が得られ，効率的なサプライ・チェーン・マネジメントが達成されました。

↑靴下屋なんばパークス店

10 ### 3 「製造物流 IT 小売業」を目指すニトリ

ニトリは，1967 年に創業された家具やインテリア用品の製造，販売を行う企業です。創業当初は家具の小売のみを行っていましたが，店舗数の拡大とともに，自社工場と協力工場で生産をするようになりました。ニトリは，自社

15 の**ビジネス・モデル**を「製造物流 IT 小売業」としており，製造から小売を繋げる物流機能の開発にも注力しています。

ニトリの製品の多くは海外で生産されているため，低コストで日本に輸入する体制を整える必要があります。そのため，通関業務も専門の業者ではなく自社で行うことでコ

20 ストの削減を実現しています。

また近年では，物流施設の自動化も進めています。ニトリでは，1980 年にはすでに倉庫の自動化に着手していましたが，インターネット通販の取扱量の増加に対応するために，2016 年に自動倉庫型ピッキングシステムのオート

25 ストア（AutoStore）を導入し，省力化と迅速な配送を実現しています。

↑ニトリの店舗

←ニトリの倉庫
（朝日新聞デジタル）

↑オートストア鳥瞰図

↑統合発送センター　◎巻頭カラー写真

Key Word

サプライ・チェーン・マネジメント，SCM，ビジネス・モデル

日付記入欄　読んだらチェック！
☑　　年　　月　　日

Study 1

SCM の重要度が高いと思われる事業をいくつか挙げよう。なぜ，その事業において，SCM が重要であると思うか，その理由も考えよう。

品切れすることがある商品を思い浮かべてみよう。

SCM の重要度が高い事業	SCM が重要である理由
（例）コンビニエンスストア	（例）狭い店舗の中で在庫切れを防ぎ，また，廃棄ロスを少なくするため。

advance 考えた理由をグループで共有しよう。

Study 2

Study1 の企業が，どのように調達，製造，販売を行っているか調べよう。また，それらの活動をどのように調整しているのか調べよう。

企業の Web サイトをみてみよう。

企業名	（例）セブン - イレブン
調達	（例）とくになし
製造	（例）関連会社による弁当・惣菜などの製造
物流・販売	（例）共同配送などによる物流コストの低減
活動間の調整	（例）POS システムによる販売情報の管理と予測

企業名	
調達	
製造	
物流・販売	
活動間の調整	

advance 調べたことをグループで共有しよう。

Study 3

各社の SCM に見られる共通点と相違点について話し合おう。

どのような情報がやり取りされているか比較しよう。

SCM の共通点	SCM の相違点
（例）在庫費用が高い業種である。	（例）原材料の調達まで手がけているかどうか。

advance グループで話し合った結果をクラスで発表しよう。

Case 事例 12 顧客が納得する価格

価格は
どうやって決める？

生産コストは
これくらいか。

利益が出るように，
5,000円に
しよう。

コスト

5,000円。
お客さんも喜んで
買ってくれるかな。

需要

B 社

B 社よりも少し安い
5,000円にしよう。

競争

↑ USJ のエントランス ◎巻頭カラー写真

↑ 1 デイ・スタジオ・パス

1 ユニバーサル・スタジオ・ジャパンの価格政策

　広大な敷地に映画の世界を再現したユニバーサル・スタジオ・ジャパン（USJ）は，そのスケールと細部にわたるこだわりで，国内外から多くの入場者を得ています。ある旅行サイトが発表した旅行者のクチコミ評価を基にしたテーマパークのランキングでは，国内トップの座を維持しています。USJ が人々を引き付ける背景には多くの要因がありますが，特徴的なものの一つに価格政策があります。USJ は，日本国内のテーマパークとしてはいち早く変動価格を導入したのです。例えば，1 デイ・スタジオ・パスの大人料金は，8,900 円，9,400 円，9,800 円と，日によって異なる価格が設定されています。こうした変動価格は，ダイナミック・プライシングといい，伝統的には航空業界などにおいて用いられてきました。

5

10

15

2 価格設定の三つの視点

　価格の設定には，三つの視点があります。製品やサービスの提供にどの程度の費用や労力がかかったのかというコストの視点，顧客が製品やサービスにどの程度の価値を感じているのかという**需要**の
5 視点，競合企業が類似した製品やサービスにどの程度の価格をつけているのかという競争の視点です。ダイナミック・プライシングは，需要の視点を強く意識して実施される価格設定です。

3 ダイナミック・プライシングの考え方

　ダイナミック・プライシングで
10 は，需要が減少する時期には安い価格にすることで「この価格なら利用しても良い」と考えている人を引き付け，需要が増加する時期には高い価格にすることで「この
15 価格でも利用しても良い」という人を引き付けます。結果的に，単一の価格に比べて，企業は多くの売上を獲得できる可能性がありま

▼単一価格とダイナミック・プライシングの比較

単一価格

ダイナミック・プライシング

混雑期

混雑によるサービス低下

混雑緩和によるサービス向上
＆高価格による売上確保

閑散期

需要減による売上低下

低価格による需要刺激

す。ダイナミック・プライシングの目的は売上の増加だけ
20 ではありません。USJ の真の狙いは，「ゲストの多様なニーズへの対応」や「パーク体験価値の向上」などにあります。テーマパークなどの**サービス業**では，**供給**がある程度一定なのに対し，繁忙期と閑散期での需要の差が大きくなります。需要が減少する時期の低価格設定が喜ばれるのは
25 もちろんのこと，需要が増加する時期の高価格設定は，混雑緩和にも結びつきます。いずれの場合も来園者の顧客満足度の向上に繋がりやすいのです。USJ に対する高い評価は，こうした価格政策からも生まれています。

↑来園者で混雑するエントランス

Key Word

クチコミ，テーマパーク，価格政策，ダイナミック・プライシング，需要，サービス業，供給

日付記入欄　読んだらチェック！

	年	月	日

需要に応じて価格を変更している例が，USJ の他にもないか調べよう。

インターネットで調べたり，自分の経験を振り返ったりしよう。

企業や商品，サービスの名前	商品やサービスの内容	価格の設定
（例）ユニバーサル・スタジオ・ジャパン（USJ）	（例）テーマパーク	（例）入園日によって 8,900 円，9,400 円，9,800 円の三段階に設定

advance まとめた結果をグループで共有しよう。

Study 2

Study1 で調べた企業やサービスが，なぜそのような価格を導入しているか理由を考えよう。

身の回りにある商品やサービスの価格設定を考えよう。

企業や商品，サービスの名前	理由
（例）USJ	（例）日によって，来場者数にばらつきがあるため。

advance 需要に応じて価格を変更することによって，どんなメリットがあるかグループで共有しよう。

Study 3

あなたがテーマパークの価格設定の担当者だったら，どのような要因から需要を予測すればよいか話し合おう。

どんな日ならテーマパークに行きたくなるかな。

要因	影響
（例）天気予報が雨	（例）来場者が減少する。

advance Study1 で取り上げた他の企業についても，需要予測の方法をまとめよう。

プロモーションによる顧客の獲得

セールス・プロモーションって何？

レジにおける割引	商品と一緒にもらえるおまけ	プロによる商品の実演販売
クーポン	プレミアム	デモンストレーション

↑ポカリスエット

↑多様なプロモーション

↓大塚製薬
の広告情報
ページ

1 ポカリスエットのギネス世界記録

「テレビCM向けに同時に踊った最多人数」のギネス世界記録を達成した**ブランド**があります。大塚製薬が販売するポカリスエットです。ポカリスエットは，2018年6月にイベントを行い，全国から集まった総勢3,770人がCMソングに合わせてダンスを踊った様子が放映されたことで，ギネス世界記録に認定されました。

近年，企業はさまざまな手段を用いて消費者への**プロモーション**を行っています。放映された**テレビCM**をはじめ，ダンスのイベントなども企業によるのプロモーションです。

2 ヒットを生み出すサンプリング

　ポカリスエットは，1980 年に発売されました。現在，ポカリスエットは累計販売本数が 300 億本を超える日本を代表する**ロングセラー・ブランド**となっていますが，発売当初はなかなか消費者に受け入れてもらえませんでした。

　受け入れられなかった理由の一つとして，ポカリスエットが，「汗の飲料」として開発され，汗をかいたときに飲むとおいしく感じる味が採用されていたことが挙げられます。ポカリスエットを世の中に広めるには，汗をかいた状態で味わってもらう必要があったのです。当時，ポカリスエットは，**セールス・プロモーション**の一種である**サンプリング**を実施しました。商品を無料で配布し，試してもらうサンプリングは，顧客が効果を実感できると有効です。スポーツ会場やサウナなど，「汗をかく場面」で無料配布されたポカリスエットの本数は，初年度だけで 3,000 万本でした。こうした大規模なサンプリングのおかげで，発売翌年の夏に爆発的な大ヒットになったのです。

3 プロモーションとしてのイベント

　ポカリスエットでは，ダンスを用いたテレビ CM を活用し，**ターゲット**である中高生に向け，冒頭で紹介したギネス記録へのチャレンジや「ポカリガチダンス選手権」といったイベントを開催しています。イベントを用いたプロモーションには，顧客がブランドの世界観を体験しやすい利点があります。長期にわたって愛されるロングセラー・ブランドでは，主要顧客の年齢層が高くなりがちです。ポカリスエットは，イベントを通じて中高生にブランドの世界観を体感してもらい，若い世代にも好まれるブランドづくりをうまく進めています。

←発売当初のポカリスエット

↑サンプリングの様子

↑インターハイの協賛の様子

↑ポカリスエットのダンスイベントの様子
◎巻頭カラー写真

Key Word

ブランド，プロモーション，テレビ CM，ロングセラー・ブランド，セールス・プロモーション，サンプリング，ターゲット

日付記入欄　読んだらチェック！

| 年 | 月 | 日 |

Study 1 身の回りでどのようなセールス・プロモーションが実施されていたか調べよう。

> 近くのお店ではどんなことが行われているかな。

【サンプリング以外の代表的なセールス・プロモーション】

クーポン…割引を約束した券のこと。アプリによる配布も含む。

プレミアム…購入者全員に配布されるいわゆるおまけのこと。

懸賞…当選者に景品が提供される施策のこと。

増量パック…容量を増やした商品を提供すること。

デモンストレーション…試食販売などの実演販売のこと。

商品名	実施場所	セールス・プロモーションの内容
（例）ポカリスエット	（例）スポーツイベント会場	（例）商品の無料配布（サンプリング）

advance どのような効果が期待できるか考えよう。

Study 2

サンプリングが次回の購買に結びつきやすい製品カテゴリーとその理由を考えよう。

事例では，どのような製品だと効果が出やすいとされていたかな。

製品カテゴリー	理由
（例）飲料	（例）顧客が効果を実感できるタイミングで飲んでもらう必要があるため。

advance 実際にその製品カテゴリーでサンプリングが行われているか調べよう。

Study 3

特定の製品の担当者になったつもりになって，どのようなプロモーションが効果的かを話し合おう。

日頃，消費者として接しているプロモーションを参考にしよう。

製品名	（例）ポカリスエット
セールス・プロモーションの内容	
（例）サンプリング。スポーツ会場やサウナなど，「汗をかく場面」で無料配布。	

製品名	
セールス・プロモーションの内容	

advance グループで話し合った中で出てきた最も良いアイディアをクラスで共有しよう。

Case 事例 14 広告コピーをつくるコツ

一瞬も一生も美しく

化粧メーカー
（CM）

運命を狂わすほどの恋を、女は忘れられる。

LUMINE

ファッションビル
（ポスター）

NO MUSIC,
NO LIFE!

TOWER RECORDS

音楽ショップ
（CM・ポスター）

有名な広告コピーって何？

ボディコピー

メインコピー

←絶メシリスト CM ／「総集」篇

1 コピーとは

　広告を構成する要素は，大きく二つにわかれます。一つは絵や写真といった**ビジュアル**，もう一つが広告されている商品の魅力を伝える言葉である**コピー**です。コピーは，詳しく説明をする**ボディコピー**と，短い文章の**メインコピー（キャッチコピー）**があります。ここでは，ワンフレーズや一文で商品の魅力を簡潔に表現したメインコピーをつくるコツをみていきましょう。

2 魅力を引き出すために見方を変えた絶メシ

　広告のコピーをつくるためには，見方を変えて魅力的な表現を探す必要があります。例えば，古くて色あせた物は，見方を変えると歴史があって味があるという言い方もできます。「古い」を，「レトロ」や「アンティーク」と表現することで魅力的になりませんか。このように見方を変えて魅力的な表現にした例が，群

馬県高崎市の絶メシです。看板は色あせ，店舗は傾いてプレハブのような外観，だけど地元の人に長く愛されていておいしいという飲食店がたくさんあったとき，どのような表現にすれば魅力的になり，県外からお客さんが来てくれるようになるでしょうか。

↑絶メシを集めた絶メシリスト
◎巻末カラー写真

5　　そこで考えられたのが絶メシです。後継者がいない店も多く，今しか食べられないかもしれないレアな食事という見方によって，絶滅寸前のおいしいものを絶メシという一言で表しています。

3　見方を変えて表現を魅力的にする方法

　　見方を変えて魅力的な表現を探す，コピーのコツを三つ紹介します。

10　（1）ネガティブをポジティブに変換…一つ目は，ポジティブな表現を探す方法です。個別指導塾である栄光の個別ビザビの広告が例です。現状は「成績がいまいち」でも，「成
15　績が伸びる可能性を秘めている＝伸びしろ」と前向きに捉えることで，「のびしろがある（のびしろガール）」というポジティブなコピーにできます。

↑のびしろガール

（2）自分とは違う人の立場の見方…二つ目は，自分とは違う視点で物事を
20　想像する方法です。歩きスマホの注意喚起の広告が例です。そのコピーは「ぶつかった，とあなたは思う。ぶつかってきた，と周りは思う。」という言葉です。歩きスマホをしている人の危険性を訴えるのではなく，歩きスマホでぶつかられた側の気持ちに寄り添っています。

↓歩きスマホ
の注意喚起

（3）No.1を探す見方…三つ目は，No.1を探す方法です。世の中にはカ
25　テゴリーを変えることで，いろいろなNo.1を発見できます。レシピ動画アプリでは，クラシルは「レシピ動画数No.1」，デリッシュキッチンは「レシピ動画アプリダウンロード数No.1」と表現されています。ふるさと納税サイトや転職サイトでもいろいろなNo.1がみつけられます。

kurashiru

↑クラシルのロゴ

Key Word

ビジュアル，コピー，ボディコピー，メインコピー，キャッチコピー

Work ワーク 14　広告コピーをつくるコツ

事例 14

Study 1　「見方が優れている」と思う広告コピーを調べて，まとめよう。

広告はテレビだけではなく，街中にもたくさんあるよ。

企業・製品	コピー	優れた見方のポイント
（例）サントリーのクラフトボス	（例）「なんで会社に来ないんだ？」「なんで行かなきゃいけないんですか？」	（例）仕事は会社でするものという古い見方から，仕事はどこでもできるという若者の見方に

advance　TCC 賞や ACC CM FESTIVAL のような広告賞で優れたコピーを見つけよう。

Study 2
自分の学校の「不満な点」を挙げてから，見方を変えて魅力的な見方をしてみよう。

見方によって不満も良い点に変わるよ。

不満な点	魅力的にする見方
（例）建物が古い	（例）歴史や伝統を感じられる

advance 考えた見方をグループで共有しよう。

Study 3
自分の学校の魅力を中学生に伝えるコピーを提案しよう。

中学生が高校に期待することに寄り添って考えよう。

メインコピー

〇〇高校　オープンキャンパス
〇〇年〇〇月〇〇日(〇)　〇〇時～

advance コピーにあった絵や写真を付け加えてより魅力的なポスターをつくろう。

ソーシャルメディアを使ったプロモーション

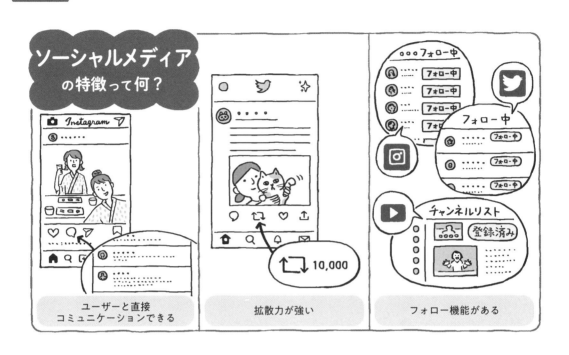

ソーシャルメディアの特徴って何？

ユーザーと直接コミュニケーションできる

拡散力が強い

フォロー機能がある

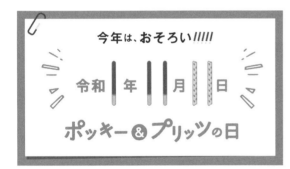

今年は、おそろい!!!!!

令和 | 年 || 月 || 日

ポッキー＆プリッツの日

↑↓「ポッキー＆プリッツの日」の告知

POCKY day 11.11

◎巻末カラー写真

1 ポッキー＆プリッツの日

江崎グリコは，平成11年から20年以上にわたり，11月11日の「ポッキー＆プリッツの日」にキャンペーンを行っています。

近年では，**ソーシャルメディアを使ったプロモーション**を積極的に展開しています。2012年には，ギネス世界記録を目指してTwitterで「ポッキー」を含んだ24時間の投稿キャンペーンを実施し，1,843,733ツイートで当時の世界記録を達成しました。また，2015年にYouTubeとLINEで投稿できる「シェアハピダンスコンテスト」を開催したり，2018年にはTikTokで「#ポッキー何本分体操」の動画を募集したりもしています。

2 ソーシャルメディアでの定番化

ソーシャルメディアを使ったプロモーションでは，話題化だけを狙うことが多くあります。しかし，「ポッキー＆プリッツの日」は話題化と同時に定番化も実現しています。このイベントは，多くの人に毎年行われていることを認識されており，「今年の 11 月 11 日は何を起こしてくれるのか」と期待されています。定番化の背景には，「Share Happiness!」のスローガンに基づいた顧客が参加して一緒に盛り上がる「余白」をつくっていることにあります。ダンス動画の投稿だけではなく，顧客がポッキータワーをつくった写真を投稿したり，ショッピングモールでちょうど「11 秒 11」でストップウォッチを止めるイベントを開催したりしています。

3 話題化から定番化への実現がポイント

一時の話題化からどのように定番化を実現するかが，ソーシャルメディアを使ったプロモーションではポイントになります。「ポッキー＆プリッツの日」のプロモーションからは，顧客が参加したくなることがそのポイントの一つであるとわかります。

明治は，「きのこの山 たけのこの里 国民総選挙」を 2018 年と2019 年に開催しました。2019 年の投票数の総計は 1,000 万票を超え，きのこの山が初勝利したこともあって，話題になりました。きのこの山とたけこの里のソーシャルメディアを使ったプロモーションが定番化するためには，顧客が参加してシェアできるキャンペーンを継続できるかがポイントになります。

↑きのこの山 たけのこの里　国民総選挙 2019

Key Word

ソーシャルメディア，プロモーション，話題化，定番化

日付記入欄　読んだらチェック！

	年	月	日

Work ワーク 15 ソーシャルメディアを使ったプロモーション

事例 15

Study 1　ソーシャルメディアを使った企業のプロモーションを調べ，その内容をまとめよう。

> YouTube, Twitter, Facebook, Instagram など，ソーシャルメディアごとに分担して調べよう。

企業	ソーシャルメディア	キャンペーン名	内容
（例）すかいらーく	（例）Twitter	（例）ごちガスト	（例）フォロー＆リツイートで 20 名様に 1 万円の食事券プレゼント。

advance　なぜ，そのソーシャルメディアをプロモーションに使っているのかを考えよう。

Study 2
ポッキー＆プリッツの日が過去にどのような取り組みをしているのかを調べて，毎年話題になる理由を考えよう。

飽きさせない工夫やクチコミしたくなる工夫はどこにあるかな。

過去の取り組み	毎年話題化する理由
（例）2015 年。三代目 J Soul Brothers を起用した「シェアハピダンス」の動画投稿	（例）若者に人気のソーシャルメディアを活用している

advance 上の取り組み以外で，ポッキー＆プリッツの日が話題になるイベントを考えよう。

Study 3
きのこの山とたけのこの里のソーシャルメディアを使った新しいプロモーションのアイディアを考えて，話し合おう。

みんながソーシャルメディアに投稿したくなるイベントだといいね。

アイディア	ソーシャルメディアと具体的な内容
（例）アレンジレシピ投稿	（例）YouTube1 分動画

advance 定番化に向けた仕掛けを考えよう。

Case 事例 16 インフルエンサーとのタイアップ

インフルエンサー ってどんな人？

SNSの フォロワー 100万人

動画サイト のチャンネル 登録者数 100万人

インスタでのPR

視聴者

普段は女子大学生

普段はサラリーマン

知名度が高い　好感度が高い　親近感が強い

↑「巨大なタマゴ温めたらなんか生まれてきた！！！」HikakinTV ◎巻末カラー写真

← HIKAKIN やはじめしゃちょーを始め，多くの動画クリエイターが所属する UUUM 社の Web ページ「クリエイターサイト」

1 HIKAKIN ×うまれて！ウーモ

　タカラトミーが販売するうまれて！ウーモは，架空の生き物であるウーモをタマゴの孵化からお世話をして楽しむ玩具です。「何が出てくるのかわからない」「自分で誕生・成長させる」玩具は，サプライズトイと呼ばれ，新しい市場を創造しました。

　うまれて！ウーモがヒットした要因には，HIKAKIN を始めとした動画クリエイターとタイアップした動画によるプロモーションが挙げられます。HIKAKIN が商品のターゲットである子どもたちに人気があることに加え，10分程度の動画を見てもらうことができ，「孵化から成長までの遊び方」という商品の魅力を十分に伝えることができたのです。

2 はじめしゃちょー × SUPERSTAR

ムーンスターが販売する SUPERSTAR ブランドの靴は，子ども
たちの速く走りたい気持ちに応えるために開発されたシューズです。
プロモーションでは，2018 年からイメージキャラクターに動画ク
リエイターのはじめしゃちょーを起用しています。SUPERSTAR
には，ムーンスター独自開発の特殊ゴムを使用した前に踏み出すバ
ネ機能が搭載され，はじめしゃちょーという「時代のスーパースタ
ー」がメッセージを代弁することで，気持ちも前に踏み出せるブラン
ドとして世の中に認知されるようにしています。

↑はじめしゃちょー×
SUPERSTAR

3 インフルエンサー活用の利点と注意点

インフルエンサーとは，社会的に影響力を持った個人のことです。
HIKAKIN やはじめしゃちょーといった著名な動画クリエイターの
ように，YouTube や Twitter，Instagram などの**ソーシャルメディ
ア**を使って情報発信するインフルエンサーが注目されています。

多くのインフルエンサーは，消費者に身近な立場で，一人の消費
者として実際に商品を消費することで，情報を発信していきます。
隣に住んでいるちょっと年上のお兄さんやお姉さんといった手が届
きそうな親近感があります。本書では，インフルエンサーを起用し
て商品をプロモーションするタイアップには，次の利点と注意点を
意識する必要があると考えます。

利点と注意点	内容
利点①：長尺の動画が可能	15 秒や 30 秒の CM と異なり，1 分から 10 分程度の動画を制作することができ，商品の魅力を余すところ無く伝えることができる。
利点②：ターゲットが絞れる	ソーシャルメディアのフォロワーを見ることができるため，商品のターゲットによって起用するインフルエンサーを選べる。化粧品を中心とした「美容系」やゲーム実況を中心とした「ゲーム系」といったジャンルでも選べる。
利点③：シェアされやすい	スマートフォンでクリックすれば簡単にシェアできるため，拡散力がある。
注意点①：「タイアップ」の表示	企業から商品などの提供を受けていることを明確化しないと，ステルスマーケティング（ステマ）としてフォロワーからの信頼を失ってしまう。
注意点②：誤情報の拡散防止	ソーシャルメディア上において，誤情報をインフルエンサーが拡散すると社会的な負の影響が大きくなる。

Key Word

タイアップ，プロモーション，ターゲット，インフルエンサ
ー，ソーシャルメディア

日付記入欄　読んだらチェック！

	年	月	日

Work ワーク 16 インフルエンサーとのタイアップ

事例 16

Study 1 インフルエンサーと企業がタイアップしたプロモーションを調べよう。

フォロワーがたくさんいる
インフルエンサーを探せば
見つかるよ。

インフルエンサー	企業・商品	ソーシャルメディア	概要

advance 企業がなぜそのインフルエンサーを選んだのか，理由を考えよう。

Study 2　どんなインフルエンサーがいるのかを調べて，インフルエンサーの得意なジャンルで分類しよう。

動画クリエイターは，よく「○○系」と分類されているよね。

ジャンル	インフルエンサー

advance　若者がインフルエンサーにハマる理由を考えて，先生に魅力を教えよう。

Study 3　好きな商品を選んでインフルエンサーとタイアップしたプロモーションの企画を考えよう。

商品のターゲットとインフルエンサーのフォロワーの相性を考えよう。

商品	
ターゲット	
インフルエンサー	
企画内容	

advance　自分がインフルエンサーになったつもりで，スマートフォンを使い，商品紹介の動画を撮影しよう。また，その動画をクラスで発表しよう。

金融×技術＝フィンテック

投資って何？

株　　通貨　　不動産　　コモディティ

リスクは？
利回りは？
値上がりする？

インカムゲイン
配当が支払われた。

キャピタルゲイン
価格が上がった。

1 投資の対象はたくさんある。

2 経済状況を踏まえて，投資の対象を選択する。

3 配当や投資対象の値上がりなどで利益が出る。ただし，損することもある。

1 個人資産管理アプリ「Money Forward ME」

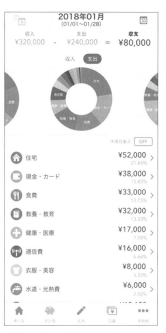

↑ Money Forward ME，ホーム画面（左）と年間支出画面（右）
◎巻末カラー写真

Money Forward ME は，個人の資産管理や家計簿作成ができる**アプリ**です。仕組みは次の通りです。ま 5 ず銀行口座や**クレジットカード**，電子マネーカードを登録します。すると，銀行口座に振り込まれた給料や，クレジットカードや電子マネーで支払った代金がアプリに反映されます。 10 支払ったお店だけでなく，自動で食費や食料品費，交通費などの用途別に分類されます。また，レシート撮影や手入力でもデータが反映されます。このように，「いつ何にどれぐ 15 らいのお金を使ったのか」という収入や支出の「見える化」をします。

2 PayPay 証券のつみたてロボ貯蓄

　株やFX（外国為替証拠金取引）といった**投資**はややハードルが高く感じるでしょう。まとまったお金を用意するのはもちろん，証券口座を開いたり，株が高くなるか安くなるか予想したりする必要もあります。しかし近年，ロボ（AI）による自動かつ少額でも可能な投資が増えています。

　PayPay 証券が提供する「つみたてロボ貯蓄」は，専用のアプリを使って1,000円から投資をすることができます。投資先は米国株で，Apple や Coca Cola といった大企業から，電気自動車の TESLA などの新興企業まで，好きな銘柄を指定して株式の積立ができます。お金を積み立てる日付と金額を決めれば，ロボ（AI）が**ドルコスト平均法**※で効率的に株式を買い付けてくれるため，「いつ買えばお得なのか」を自分で考えなくても，自動で行ってくれます。

　PayPay 証券の口座は0歳から開設することができるため，中学生や高校生でも投資ができます。もちろん，投資では損をする可能性もありますので，そのリスクには気をつける必要があります。また，PayPay アプリの「ポイント運用」から投資を体験することもでき，投資のハードルを下げる工夫があります。

※ドルコスト平均法：価格が安い時に多く買い，価格が高い時には少なく買うことで，株式の購入価格をバランスよく平均化する方法。

3 フィンテックの動向

　フィンテック（FinTech）とは，金融（Finance）と技術（Technology）をかけ合わせたサービスのことです。**キャッシュレス決済**や個人間送金などの消費者に身近なサービスだけでなく，**銀行**や**証券会社**といった金融機関が行ってきた資産運用や資金調達，保険といった領域までフィンテックのサービスが展開されています。そのような状況のなか，キャッシュレス決済事業者の ORIGAMI がメルカリに1株1円で売却されたりするなど，競争により再編や淘汰をされる企業もあります。

▼フィンテック系ベンチャー企業の国内市場規模

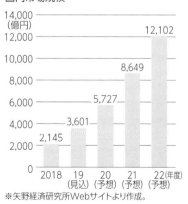

※矢野経済研究所Webサイトより作成。

Study 1   フィンテックによる金融サービスとその内容を調べよう。

お金に関係するアプリを探すと見つかるよ。

サービス	企業	サービス内容
（例）PayPay	（例）PayPay 株式会社	（例）QR コードのキャッシュレス決済

advance フィンテックのどのようなところが便利なのか考えよう。

Study 2   フィンテックの金融サービスで今後使ってみたいものと，それを利用する場合のリスクについて考えよう。

便利なだけではないよね。リスクには何があるかな。

利用したいサービス	（例）PayPay
理由	（例）現金を持たずに買い物できるようになって便利だから。
リスク	（例）お手軽なので，つい使いすぎてしまいそう。

利用したいサービス	
理由	
リスク	

advance 考えたリスクをグループで共有しよう。

Study 3 ¥100,000 を年利 2% で 5 年間銀行に預けた場合，5 年後には単利と複利でどれだけ違いが出るか計算してみよう。

資産管理や投資には，複利計算の仕組みを知っておくといいよ。

	単利の場合	複利の場合
1 年後		
2 年後		
3 年後		
4 年後		
5 年後		

advance 単利と複利の違いを踏まえて，投資について話し合おう。

デジタル化でますます便利になる生活

Amazon Go
ってどんな仕組み？

2 店内で商品を選ぶ。何を選ん
だかはセンサーで把握。

🥛	⋯⋯	1
🍇	⋯⋯	1
🍡	⋯⋯	2

お支払い額
¥0,000

1 ゲートでスマホをかざし
て入店。事前にアプリの
登録が必要。

3 買い物が終わったらゲートを
通過して店を出る。

4 商品代金の支払いは自
動で完了。買い物履歴
はスマホで確認できる。

↑ e-Palette

←↑ Woven City

1 デジタル・トランスフォーメーションとは

デジタル・トランスフォーメーション（DX）とは,
「ICT の浸透が人びとの生活のあらゆる面でより良い
方向に変化させること」です。DX によってどのよう   5
に生活の利便性が向上するかみていきましょう。

2 デジタル化するさまざまな生活の場面

(1)移動：トヨタ自動車は，完全自動運転の電
気自動車の e-Palette を開発しました。自動
車などの移動手段をサービスと捉える   10
MaaS（Mobility as a Service）の先駆け
です。自動車だけではなくあらゆる物やサー
ビスが繋がる「Woven City」という街をつ
くるプロジェクトも進めています。
(2)住宅：IoT（Internet of Things）によって，   15
さまざまな物がインターネットに接続されま

す。スマートフォンのアプリなどで操作することが
できる**スマート家電**が代表的です。SHARP が提供
する COCORO KITCHEN は，**AI**（人工知能）と
キッチン家電を繋ぐことで，家電が献立の提案をし
5 てくれたり，レシピの材料から冷蔵庫の在庫情報を
推測してくれたりします。明太子メーカーのふくや
では，トレーを IoT 化して，明太子の重さを量り，
量が少なくなると自動で明太子を届けるふくや IoT
という**サブスクリプション**（定額制や定期便）のサ
10 ービスを展開しました。

(3)買い物：Amazon.com は，アメリカで Amazon
Go という**無人レジ**の小売店舗を展開しています。買い物客
はアプリの QR コードをかざして入店し，好きな商品をマ
イバッグに入れて，退店するだけで支払いが済みます。何を
15 手に取ったのかはセンサーで把握します。

(4)仕事：**働き方改革**などによって，場所や時間にとらわれな
い働き方である**テレワーク**が注目を集めています。和歌山県
白浜町では，IT ビジネスオフィスをつくり，IT 関連企業の
誘致を積極的に行っています。自然が豊かな場所で，満員電
20 車に乗る必要もなく，余計なストレス無く仕事ができます。

(5)介護：超高齢化社会の日本では，**介護**が大きな社会的課題
です。2015 年度に約 170 万人だった介護職員は，2025 年
度には約 240 万人必要だと推計されています。近年，介護
職員の負担を減らすために注目が集まっているのが，介護ロ
25 ボットです。CYBERDYNE 社の HAL（Hybrid Assistive
Limb）は，世界初の装着型サイボーグです。HAL を腰に装
着することによって介護の動作がサポートされ，腰にかかる
負荷が低減されます。介護職員の労働環境改善に役立ちます。

←ふくや IoT

↑ Amazon Go　◎巻末カラー写真

Amazon Go の仕組み→

↑白浜町の IT ビジネスオフィス

↑ HAL（R）介護支援用腰タイプ
提供：Prof. Sankai, University of
Tsukuba/ CYBERDYNE Inc.

Key Word

デジタル・トランスフォーメーション，MaaS，IoT，スマ
ート家電，AI，サブスクリプション，無人レジ，働き方改革，
テレワーク，介護

日付記入欄　読んだらチェック！
☑　年　　　月　　　日

Study 1

MaaS や SaaS（Software as a Service）といった「〇〇 as a Service（XaaS）」について調べよう。

「ものを売る」から「サービスを売る」という社会的な変化が背景にあるよ。

XaaS	内容
（例）MaaS	（例）ICT を活用して移動を最適化するサービス。カーシェアリングの手配から，目的地の最短ルート，目的地の周辺情報などをアプリで提供する。

advance マイクロソフト社の Office が SaaS としてクラウドサービスになった利点を考えよう。

Study 2

製品カテゴリーを一つ選んで，デジタルの長所と短所，アナログの長所と短所をそれぞれ考えよう。

デジタルが常に便利とは限らないよね。

製品カテゴリー	（例）書籍		
デジタル	（例）電子書籍	アナログ	（例）紙の書籍
長所	（例）スマホで持ち運びが簡単	長所	（例）表紙をコレクションできる
短所	（例）ページを飛ばして先に進んだり後に戻ったりしづらい	短所	（例）持ち運ぶとき，重くてかさばる

製品カテゴリー			
デジタル		アナログ	
長所		長所	
短所		短所	

advance デジタル化できない製品があるか考えよう。

Study 3	今後，デジタル化されると私たちの生活が便利になる製品は何か話し合おう。

カバンや家の中に，デジタル化できるものはあるかな。

具体的な製品	理由
（例）ボールペン	（例）ノートに書いた英単語の文字が自動でスマートフォンのメモに登録されることで，いつでも単語帳として利用でき，覚えることができる。

advance デジタル化されずにアナログのままが良いという製品があるか話し合おう。

楽しい仕事とモチベーション

モチベーションって何？

外発的動機付け（外からの理由）

目標を達成したらボーナスを支払います。

最近，集中力が足りないんじゃないかな。

内発的動機付け（内からの理由）

こういう商品が出来たら，みんなびっくりするんだろうな。

困っている人たちのためにがんばろう。

やるぞー　やるぞー

モチベーションとは，やる気のこと。やる気が出る理由は人それぞれである。

1 モチベーションを高める方法

モチベーションとは，仕事や勉強などの活動に対する人々の意欲を示す言葉です。モチベーションを高く維持して，ある活動に対して継続的に努力することは，高い成果を得るために必要です。 5

モチベーションを高める方法にはどのようなものがあるでしょうか。金銭的報酬はその一つです。報酬や懲罰によってモチベーションが高まることを**外発的動機付け**といいます。それ以外にも，仕事そのものに対する興味や関心によっても，私たちはモチベーションが高まります。これを**内発的動機付け**といいます。ここでは，仕事 10 に対する興味を高めることで従業員のモチベーションを引き出している二つの会社の事例をみていきましょう。

モチベーションが低下する主な理由

①仕事の内容に対して給料が低い

②仕事にやりがいを感じていない

③職場の人間関係が良くない

2 会社を楽しくするカヤック

カヤックは，1998年に設立されたインターネット関連のサービスやゲーム開発などを行う企業です。カヤックは「おもしろい会社 15 でありたい」という考えから，自社を「**面白法人カヤック**」と表現

しています。これが企業の理念や特徴を表す**コーポレート・アイデ
ンティティ**となっています。

　会社をおもしろくするための試みとして，さまざまなことが行わ
れています。例えば，「サイコロ給」制度です。同社では社員が毎
5　月サイコロを振り，その出た目によって給料が左右されます。「月
給×（サイコロの出た目）％」が給与や賞与に加算されて決まる制
度となっています。その一方で，月給は上司による評価だけでなく，
一緒に働く社員同士による評価で決まる仕組みになっており，社員
全員が評価に関わる制度がつくられています。

↑月々の給料を決めるサイコロ給
◎巻末カラー写真

10　**③　社員の活力を育むヤオコー**

　ヤオコーは 1890 年創業のスーパーマーケッ
トです。「豊かで楽しい食生活提案型スーパー
マーケット」という経営方針のもと，個店経営
を行っています。個店経営とは，地域に密着し
15　た店づくりをすることです。各地域の店が，そ
の地域の生活や行事に合った品ぞろえや提案を
しています。また，全員参加の商売を目指して
います。個店経営を実現するためには，その地
域に詳しく生活の"プロ"である主婦のパート
20　社員（ヤオコーでは「パートナーさん」と呼ぶ）
の意見が欠かせません。自ら考え，みんなでチャ
レンジする，全員参加の商売で主体的な店舗
運営を行っています。また，ヤオコーでは，毎
月「感動と笑顔の祭典」という業績改善報告会
25　が開催されています。各店舗を代表して発表す
るのは改善を提案するパート社員です。

↑ヤオコーの Web サイト

↑ヤオコーの店舗

　このように，自主性を与え，その活動を評価することで，モチベー
ションを喚起しているのです。

Key Word

モチベーション，外発的動機付け，内発的動機付け，コーポ
レート・アイデンティティ

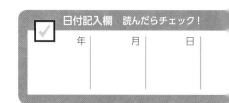

日付記入欄　読んだらチェック！

	年	月	日
☑			

ワーク 19 楽しい仕事とモチベーション

Work ワーク 19　事例 19

Study 1 従業員のやる気を高めるために，企業が行っている取り組みについて調べよう。

企業の Web サイトにヒントがあるよ。

企業名	（例）ザ・リッツカールトン
取り組み	（例）従業員同士で感謝を示すカードを渡すことができ，そのカードが人事評価の材料とされることで，周囲の人も手助けすることが促される。

企業名	
取り組み	

企業名	
取り組み	

advance 調べた取り組みをグループで共有しよう。

Study 2 仕事に対するやる気を高めるためには，どのような方法があるか考えよう。また，その方法のメリットとデメリットも考えよう。

家族や親せきにインタビューしてみるのもいいね。

方法	メリット	デメリット
（例）ボーナスなどの金銭的なインセンティブ。	（例）多くの人にとって魅力的な報酬であること。	（例）報酬がない状況で自発的に勉強などに取り組む気持ちが損なわれる。

方法	メリット	デメリット

advance 考えたことをグループで共有しよう。

Study 3 仕事に対するやる気を高めるために有効な方法は何か，自分なりのアイディアを出して話し合おう。

日常生活の中でやる気が出た経験から，考えてみよう。

やる気を高めるために有効な方法
（例）頑張れば達成できそうな目標を設定する。

advance グループで出された意見の中で最も有効と思われる方法を選び実践しよう。

リーダーシップって何?

文化祭のリーダー　部活のキャプテン

コンビニの店長　工場長

組織（チーム）のリーダーの能力や行動のこと

タスク志向のリーダーシップ

グループ

商品の完売が目標です。事前のPRと当日の呼び込みをがんばりましょう。

目標と達成する手段を伝えている

人間関係志向のリーダーシップ

ナイスカバー！この調子でいこう！

メンバーとの関係を良好にしている

1 変革型リーダーシップ

　企業が，**事業転換**などの大きな組織の変革を実現するためには，経営者の優れた**リーダーシップ**が必要です。変革をするためには，従業員も普段と異なる行動をしなくてはならないためです。組織の変革を進めるため発揮されるのが**変革型リーダーシップ**です。

　組織を変革する際にリーダーがとるべき具体的な行動として，アメリカの経営学者ジョン・コッターによって以下の八つが挙げられています。①従業員に危機意識を持たせる，②変革を遂行する強力なチームをつくる，③適切なビジョンを定める，④ビジョンを組織全体に周知する，⑤従業員がビジョンに向けて行動するように働きかける，⑥懐疑的な従業員を納得させるために短期的な成果を出す，⑦成果をもとにさらに難しい課題に取り組む，⑧新しい行動様式を組織の文化として定着させる

↑小倉昌男

←宅急便テレビCM「宅急便はスマホで送れる」

2 小倉昌男のリーダーシップ

(1)宅急便進出前のヤマト運輸…小倉昌男は，1971年に2代目とし

てヤマト運輸の社長に就任しました。ヤマト運輸は創業以来,百貨店配送など近距離配送が事業の中心でしたが,1959年に長距離トラック事業に参入しました。しかし後発でもあったため,1960年代は他社と比べて利益率が低い状態でした。

5　そのような状況で小倉は社長に就任しました。

小倉は,社長に就任する以前から小口荷物を対象とする宅急便事業の構想を練っていました。ただし,ヤマト運輸の既存事業が法人の荷主を対象としたBtoB中心の事業であったため,役員や相談役である父から強く反対されました。その

10　ような状況で,1973年には第一次オイルショックが起こり,事業転換は避けられない状況になりました。

(2)宅急便への進出と組織変革…小倉は1975年8月に宅急便開発要項を発表し,9月には具体的なオペレーションを検討する少人数のワーキンググループを編成しました。これは

15　コッターのいう「変革を遂行するチーム」です。ワーキンググループが構築した事業プランをもとに,1976年1月20日に営業を開始することになりました。

宅急便事業は新たな投資が必要であったため,短期での黒字化は困難です。そのため,小倉は「サービスが先,利益が

20　後」というビジョンを提示して,まずは翌日配送というサービスを実践し,取扱量が増えれば自然と利益が出る,という考えを周知しようとしました。また,サービス開始時は関東近県を対象として,短期的な利益が出やすい状況にした結果,1980年には宅急便事業は利益が出るようになりました。

25　1981年からはさらに事業を成長させるために,「ダントツ計画」を策定し,サービスの対象を全国へと拡大しました。また,クール宅急便などの新たな商品の開発を進め,競合企業との差別化を強化しました。

↑スタート時(1976年)
◎巻末カラー写真

↑クール宅急便

▼サービスの広がり

誕生期	●	1976年 「宅急便発売!」 東京,関東の主要都市よりスタート
	◉	1979年 宅急便取扱個数 約1千万個突破
成長期	◉	1984年 宅急便取扱個数 約1億個突破
	●	1987年 「クール宅急便」発売
	◉	1993年 宅急便取扱個数 約5億個突破
	●	1997年 「クロネコメール便」発売 宅急便の全国ネットワーク完成
	◉	2004年 宅急便取扱個数 約10億個突破
	●	2006年 「店頭受取サービス」開始,「国際宅急便」発売
	●	2013年 「国際クール便」発売
	◉	2014年 宅急便取扱個数 約15億個突破
	●	2015年 「宅急便コンパクト」「ネコポス」「クロネコDM便」発売

日付記入欄　読んだらチェック!

☑　年　　月　　日

Work
ワーク 20　組織の変革とリーダーシップ

Study 1　あなたが興味のあるリーダーを挙げ，何を成し遂げたのか，どのような問題に直面し，それをどのように克服したのか調べよう。

経営者に限らず，政治家やスポーツチームの監督，アイドルのキャプテンもリーダーです。

リーダーの名前	（例）小倉昌男
成し遂げたこと	（例）宅急便事業の開始，全国的な普及。
直面した問題	（例）後発の参入ため，利益率が低かった。
問題の克服方法	（例）翌日配送というサービスの実践。取扱量が増えることで，利益が出るようになった。

リーダーの名前	
成し遂げたこと	
直面した問題	
問題の克服方法	

リーダーの名前	
成し遂げたこと	
直面した問題	
問題の克服方法	

advance　調べたことをグループで共有しよう。

Study 2

身近にいるリーダー（企業，学校，部活など）に話を聞き，集団をまとめるうえで苦労をしていることと，集団の成果を高める工夫をまとめよう。

本音を話してもらえるように気を配ろう。

リーダーの名前	
苦労していること	
成果の高め方	

advance まとめたことをグループで共有しよう。

Study 3

リーダーが集団の成果を高めるには，何が必要か話し合おう。また，メンバーの一員として，リーダーの働きを助けるためにできることを話し合おう。

メンバーの働きも重要だよね。

成果を高めるために必要なこと	メンバーにできること
（例）リーダーの考えをメンバーにしっかり伝えること。	（例）リーダーの指示を受けるだけでなく，メンバーからやり方を提案すること。

advance グループで話し合った中で出てきた最も良いアイディアをクラスで共有しよう。

働きすぎないように	プライベートが充実するように	働きやすい時間帯に勤務できるように
時間外労働の上限規制	有給休暇の確実な取得	フレックス制の拡充

働き方改革って何？

お先に失礼します。

いただきます。

おはようございます。

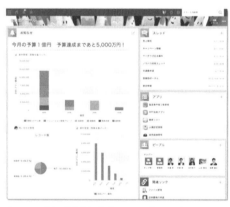

↑サイボウズ社製ビジネスアプリ作成クラウド「kintone」

←働き方改革アニメ『アリキリ』

1 働き方改革とワークライフバランス

日本は他国と比べて労働時間が長い傾向にあります。**長時間労働**は，場合によっては過労死に繋がることから，大きな社会問題として改善が求められてきました。2000年代には，**働き方改革**という言葉が使われはじめ，**ワークライフバランス**（仕事と生活の調和）を実現する就業形態が模索されるようになりました。

2016年には，政府に働き方改革実現推進室が設けられました。2018年には，主に①労働時間法制の見直しと，②雇用形態に関わらない公正な待遇の確保を目的とした，**働き方改革関連法**が成立し，2019年4月に施行されました。

ここでは，企業による働き方改革への取り組みとしてサイボウズの例をみていきましょう。

2 100人100通りの働き方の実現

　サイボウズは，1997年に設立されたソフトウェア開発会社です。サイボウズは100人100通りの働き方の実現を人事管理の基本方針としています。創業当初は成果主義で従業員の処遇を決めていましたが，その当時は**離職率**が高く，2005年度には28％を超えてしまいました。それを受けて働きやすい会社にするように方針を転換し，2012年に離職率は4％以下まで低下しました。

　サイボウズが実施する具体的な人事施策は，主に以下の通りです。

・働く場所と時間の選択
　社員一人ひとりが自分の働き方を宣言し，それが社内のデータベースで公開されます。

・最大6年間の育児休暇
　育児休暇を最大6年間とることができます。この制度の効果もあり，社員に占める女性比率は4割程度です。

・副業の自由化
　副業に関しては，他社に雇用される場合やサイボウズの資産を使用する場合以外は，申請せずに行うことが可能です。なお，給与は，社外価値（市場価値）と社内価値がベースとなり，勤務時間によるコミットメントの程度なども加味して算定されます。

　このような施策を通じ，多様な働き方を実現することで，社員の個性を十分に活かすことが期待されています。

▼サイボウズ社，離職率の推移

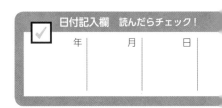

↑働き方宣言アプリ（上），各社員のプロフィール（下）アプリで働き方を入力すると，プロフィールに反映される。
◎巻末カラー写真

Key Word

長時間労働，働き方改革，ワークライフバランス，働き方改革関連法，離職率

日付記入欄　読んだらチェック！
☑　　年　　　　月　　　　日

<table>
<tr><td>Work
ワーク 21</td><td>100人100通りの働き方</td><td>事例
21</td></tr>
</table>

Study 1 働き方改革関連法には，どのようなものがあるか調べよう。また，将来仕事についた際に，どのような影響があるか考えよう。

影響は，メリットとデメリットの両方を考えよう。

働き方改革関連法の内容	将来の仕事への影響
・労働時間法制の見直し	・フレックスタイム制の改正によって，自分のライフスタイルに合った就業形態を選ぶことができるかもしれない。

advance 考えたことをグループで共有しよう。

Study 2 働き方改革を積極的に実践している企業について調べよう。

身近な企業について，従業員の働き方にどのような配慮をしているか，調べてもいいね。

企業名	（例）ローソン
配慮	（例）ダイバーシティの実現のため，管理職に占める女性の比率を30％にすること，新卒社員に占める女性の比率を50％にすることを目標としている。

企業名	
配慮	

企業名	
配慮	

企業名	
配慮	

advance 調べたことをグループで共有しよう。

Study
3
将来，どのような働き方をしたいか話し合おう。また，その働き方によって，企業活動（業績など）にどのような影響を与えるか話し合おう。

希望する働き方と企業業績の両立が重要です。

どのような働き方をしたいか	企業活動に与える影響
（例）自宅からリモートで仕事をする。	（例）通勤時間が減ることで，睡眠時間を増やすことができる。仕事への集中力が増す。

advance グループで話し合った中で出てきた最も良いアイディアをクラスで共有しよう。

キャッシュレス社会の到来

キャッシュレス決済
って何?

決済伝票に署名，または専用端末
による暗証番号の入力

クレジットカード

ICカードを近づけて読み取らせる

電子マネー

店側または客側がバーコードや
QRコードを読み取る

バーコード, QRコード

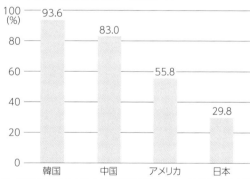

▼キャッシュレス決済比率（2020年）

韓国 93.6
中国 83.0
アメリカ 55.8
日本 29.8

※一般社団法人キャッシュレス推進協議会「キャッシュレスロードマップ」
より作成。

▼キャッシュレス決済の比較

	主な決済方法	支払方法
クレジットカード	後払い	スライド式（磁気）読み込み式（IC）
電子マネー	事前チャージによる前払い	タッチ式
バーコード, QRコード	事前チャージによる前払い, クレジットカードによる後払い	カメラやスキャナによる読み込み

1 日本の代金決済の現状

　2018年4月，経済産業省は日本における**キャッシュレス決済**を推進するために，「キャッシュレス・ビジョン」という報告書をまとめました。その報告書では，日本のキャッシュレス比率は2015年で18％程度であり，約90％の韓国や約60％の中国などに比べて低くなっています。日本におけるキャッシュレス決済の中心は，**クレジットカード**で，約9割を占めます。クレジットカードの代金決済手段としての特徴は，**後払い方式**であることであり，これがキャッシュレス決済の普及を阻んでいます。ある調査では，キャッシュレス決済を利用しない最も大きな理由として「使いすぎの不安」が挙げられており，クレジットカードがキャッシュレス決済のイメージに強く影響を及ぼしています。

2 電子マネーのひろがり

　すべてのキャッシュレス決済が後払い方式というわけではありません。例えば，JR東日本が発行しているSuicaなどの電子マネーをイメージしてください。こうした電子マネーでは，事前に一定額をチャージする前払い方式が一般的に用いられています。

　実際，多くの消費者にとって電子マネーが身近な存在になっています。Suicaの総発行枚数は2019年12月に8,000万枚を超え，Suicaなどの交通系電子マネーの1か月の利用回数は2019年12月に2億5,000万件を超えたと発表されました。

3 コード決済への注目

　近年，スマートフォンの普及に伴い，バーコードやQRコードを用いるコード決済も多くみられます。2018年10月にサービスを開始したPayPayは，「100億円あげちゃうキャンペーン」などの大規模な施策により，2020年2月に登録ユーザー数が2,500万人を突破するなど，爆発的な広がりをみせています。PayPayは，前払い方式と後払い方式が併用されています。銀行ATMなどを通じた現金でのチャージは前払い方式ですが，クレジットカードを通じたチャージは後払い方式として分類です。一つのサービスで多様な代金決済手段を実現していることも急速な利用者拡大の背景にあると考えられます。

↑ Suica（左）とSuicaの決済方法（右）

▼交通系電子マネーの利用回数の推移

※交通系ICカード発行各社プレスリリースより作成。

← PayPayの決済
◎巻末カラー写真

▼ PayPay利用者数の推移

※PayPay株式会社Webサイトより作成。

Key Word

キャッシュレス決済，クレジットカード，後払い方式，電子マネー，前払い方式，コード決済

日付記入欄　読んだらチェック！
✓　年　　　　月　　　　日

Study 1
1週間の支出を記録して，どの程度キャッシュレス決済をしているか，比率を算出しよう。

1週間，レシートを集めてみよう。

日付	商品	決済方法	支払金額
（例）○月×日	飲料	電子マネー（Suica）	160円
（例）○月×日	文具	現金	200円

支出合計金額	(A)	円
キャッシュレス決済合計金額	(B)	円
キャッシュレス決済比率	(B ÷ A)	%

advance 調べたことをグループで共有しよう。

Study 2

Study1 で現金で支払いしている支出のうち，キャッシュレス決済に変えたら便利なものがあるか，理由とともに考えよう。

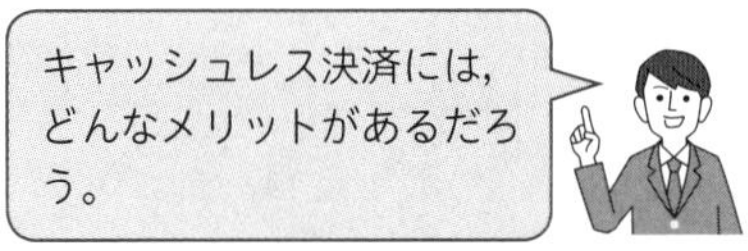
キャッシュレス決済には，どんなメリットがあるだろう。

キャッシュレス決済に変える支出	便利な理由
(例) 電車の運賃	(例) きっぷを買う手間が省ける。

advance 考えた理由をグループで共有しよう。

Study 3

日本でキャッシュレス決済の普及が遅れている原因について話し合おう。

他国との違いを参考にしよう。

キャッシュレス決済の普及が遅れている原因
(例) セキュリティに信頼感が足りない。

advance どのような解決策があるか考えよう。

Case
事例 23 「日本一の星空」で地域おこし

←天空の楽園日本一の星空ナイトツアー

1 長野県阿智村の概要

阿智村は長野県の南東部に位置する人口約 6,500 人の村です。1973 年に昼神温泉が発見され，一時は数多くの観光客が阿智村を訪れていました。しかし，徐々に観光客が減り，ほかに大きな産業がなかった阿智村では，**高齢化**と**過疎化**が進みました。 5

村を活性化させるための**観光資源**として注目されたのが星空でした。阿智村は，環境省によって「星の観察に適していた場所」の第 1 位（平成 18 年度）に認定されていたのです。そこで，夜にスキー場のゴンドラで山頂に登り，「日本一の星空」を満喫できるツアーを企画しました。この企画が次第に評判を呼び，2018 年には，累計来場者数が 50 万人を超える人気観光スポットとなっています。 10 15

↑日本一の星空（スタービレッジ阿智）◎巻末カラー写真

2 地域活性化の重要性

現在，多くの地域で人口減少が課題となっています。若年層を中心に，就学や就労の機会を求めた**東京一極集中**が進んでいるためです。この状況が続くと，税収減により**公**

5 **共サービス**の質が低下したり，地域の文化が廃れてしまったりと，さまざまな悪影響が生じます。そこで，地域に訪れる人や移住する人を増やす**地域ブランディング**が注目されています。地域ブランディングとは，地域独自の魅力を掘り起こし，内外の人に向けてわかりやすく伝える活動で

10 す。阿智村では，「日本一の星空」という**キャッチフレーズ**で，阿智村ならではの価値をわかりやすくアピールしています。このような巧みな地域ブランディングによって，阿智村は賑わいを取り戻すことができました。

↑「日本一の星空ツアー」の Web サイト (スタービレッジ阿智)

3 観光地としての魅力の向上

15 地域ブランディングの中でも，特に観光地としての魅力を高めるための活動を**観光地経営**といいます。阿智村が「日本一の星空」を観光資源にするきっかけは，地元のスキー場スタッフが営業終了後に星空を楽しんでいたことです。地域の隠れた魅力の発見

20 が，観光地経営の成功の第一歩でした。観光地経営では，地域の魅力を発信したり，訪れた観光客の満足度を高めたりするために，企業（旅行業，旅客輸送業，宿泊業，飲食業など）や行政，地域住民など，さまざまな人々の協力も欠かせません。このような

25 協力体制を指揮するのが DMO（デスティネーション・マネジメント・オーガナイゼーション）という組織です。阿智村では，阿智昼神観光局がその役割を担っています。

▼ DMO

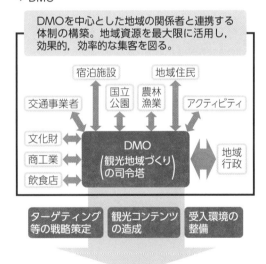

DMOを中心とした地域の関係者と連携する体制の構築。地域資源を最大限に活用し，効果的，効率的な集客を図る。

宿泊施設　地域住民

交通事業者　国立公園　農林漁業　アクティビティ

文化財　DMO（観光地域づくりの司令塔）　地域行政

商工業

飲食店

ターゲティング等の戦略策定　観光コンテンツの造成　受入環境の整備

地方誘客・旅行消費拡大

※観光庁Webサイトより作成。

Key Word

高齢化，過疎化，観光資源，東京一極集中，公共サービス，地域ブランディング，キャッチフレーズ，観光地経営，DMO

日付記入欄　読んだらチェック！

	年	月	日
✓			

Study
1
観光客を増やすために活動している地域の事例を調べよう。

> DMO の事例を紹介した Web サイトが参考になるね。

地域	概要
（例）長野県阿智村	（例）阿智昼神観光局が中心になって，「日本一の星空」を PR している。

advance 調べたことをグループで共有しよう。

Study 2

観光客にとって，あなたが暮らす地域の魅力は何か考えよう。

自分の普段の生活にヒントがあるよ。よく思い出してみよう。

魅力	（例）緑が多くて，空気が新鮮。
魅力①	
魅力②	
魅力③	
魅力④	

advance 他の地域の魅力と比較してみよう。

Study 3

Study2 で見つけた地域の魅力を共有しよう。その魅力だと感じる要素を使って，観光客を増やすのに効果的なプロモーションを話し合おう。

多少突飛なアイディアのほうが，面白い企画になるかもね。

地域の魅力（メンバーの意見）	プロモーションの実施案
（例）緑が多くて，空気が新鮮。	（例）草木をモチーフにしたゆるキャラをつくる。

advance グループで話し合った中で出てきた最も良いアイディアをクラスで共有しよう。

産業観光って何？

1872年に日本の近代化のため設立した模範器械製糸場

富岡製糸場（群馬県）

沖縄陶芸，やちむん（陶器）の19の工房が集まる里

やちむんの里（沖縄県）

明太子工場，直売店，明太子ギャラリーからなるテーマパーク

かねふくめんたいパーク大洗（茨城県）

←富山県高岡市は「ドラえもん」の作者である藤子・Ｆ・不二雄の出生地である。その縁で能作はドラえもんをデザインした商品も手がけている。（写真はドラえもんタンブラー）
◎巻末カラー写真

©Fujiko-Pro

→株式会社能作 PR動画

↑錫100％の曲がる器「KAGO」

↑木型が飾られている工場（社屋）のエントランス
提供：株式会社能作

1 能作の概要

能作は，1916年に富山県高岡市で創業した鋳物メーカーです。高岡市は，江戸時代から続く鋳物のまちであり，能作も仏具や茶道具などの製造を手がけていました。しかし，戦後のライフスタイルの変化などにより，需要が低下していきます。

そこで，**伝統産業の技術力**を生かした独自の製品開発に踏み切りました。錫100％の製品が能作の代名詞です。錫の柔らかさや抗菌作用を生かした「曲げて使える食器」「医療機器」など，次々と独創的な製品を生み出し，売上を伸ばしています。

伝統産業の魅力を伝えるために，情報発信にも力を入れています。特に，自社工場の見学ツアーや製作体験には数多くの観光客が訪れ，ファンの拡大に重要な役割を果たしています。

2 産業観光とは

　産業観光とは，「その地域特有の産業に係るもの（工場，職人，製品など），ならびに昔の工場跡や産業発祥の地などの産業遺構を観光資源とする旅行」（JTB 総合研究所）です。能作が実施する工場見学は，鋳物のまち高岡を知ることのできる，産業観光の優れた事例の一つです。ものづくりの現場を見てもらうことで，地域や企業，製品への理解や愛着が深まるなどの効果が期待できます。近年，ダムや道路といった公共施設を**観光資源**とする**インフラ・ツーリズム**にも注目が集まっています。これは，公共財を対象とした産業観光の一種です。公共施設が必要とされた背景などについて詳しくなることで，地域についての理解を深めることができます。

↑首都圏外郭放水路（通称：地下神殿）
提供：国土交通省江戸川河川事務所

↑黒部ダムの風物詩，大迫力の観光放水

3 産業観光の事例

　岡山県倉敷市児島は，日本におけるジーンズ発祥の地として有名です。児島は，大正時代から学生服の生産が日本一のまちでした。しかし，戦後のベビーブームが去ると，学生服の需要が急減してしまいました。この状況を危惧した企業が，学生服の生産で培った技術を生かし，1960 年に国内で初めてジーンズの生産を始めました。これがジーンズ発祥の地の由来です。現在（2019 年）では，約 40 の店が並ぶ「児島ジーンズストリート」を中心に，年間 20 万人が訪れる岡山県を代表する観光地の一つになっています。

　児島以外にも，日本には数多くのユニークな産業観光のスポットがあります。例えば，全国各地の**工場夜景**は，**フォトジェニック**（写真映え）を重視する観光客にも人気です。

↑児島ジーンズストリート

↑静岡県富士市の工場夜景
提供：富士工場夜景倶楽部

Key Word

伝統産業，産業観光，観光資源，インフラ・ツーリズム，工場夜景，フォトジェニック

日付記入欄　読んだらチェック！
	年	月	日

Work ワーク 24　職人の技術と志を感じる観光

事例 24

Study 1　産業観光に力を入れている地域や企業を調べ、興味のあるものの情報をまとめよう。

> 全国各地の産業観光やインフラ・ツーリズムをまとめた Web サイトがあるよ。

地域や企業名	所在地	選んだ理由
（例）株式会社能作	（例）富山県高岡市	（例）伝統的なものづくりを観光資源にしていることが面白いと思ったから。

advance　調べたことをグループで共有しよう。

Study 2
産業観光に取り組むことで，地域の企業にはどのようなメリットがあるか考えよう。また，産業観光に取り組む際の留意点についても考えよう。

国土交通省作成の産業観光ガイドラインも参考になるね。

メリット	留意点
（例）企業の知名度が上がる。	（例）企業だけでなく，地域全体で考える必要がある。

advance 考えたことをグループで共有しよう。

Study 3
学校や家の近くに，産業観光のスポットになりそうな施設はないか，そう思う理由を挙げてグループごとに話し合おう。

普段自分が通っている通学路には何があったかな。

産業観光のスポットになりそうな施設	理由
（例）○○ダム	（例）放水は迫力があり，かっこいいから。

advance グループで話し合った中で出てきた最も良いアイディアをクラスで共有しよう。

企業が成長するためのビジネスのひろげ方

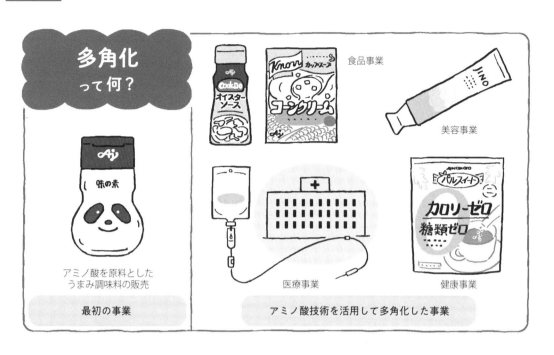

多角化
って何？

食品事業

美容事業

医療事業

健康事業

アミノ酸を原料とした
うまみ調味料の販売

最初の事業

アミノ酸技術を活用して多角化した事業

←小林一三
提供：阪急
電鉄

↑現在の阪急百貨店
提供：阪急電鉄 ◎巻末カラー写真

1 企業成長と多角化

　企業が事業の規模を拡大し，企業成長を実現する方法には，①既存事業の拡大，②垂直統合（外注していた業務の内製化），③多角化の三つが挙げられます。多角化には，**関連型多角化と非関連型多角化**があります。関連型か非関連型かは，対象とする市場や活用する技術によって分けられます。関連型多角化と非関連型多角化の事例をみていきましょう。 5

2 鉄道業の関連型多角化

　鉄道会社は，本業である鉄道業以外にも，不動産業，小売業，レジャー事業などに多角化していることが多くあります。これらの事業に多角化することで，鉄道の利用客の増加を狙っています。 10
　1907年に創立された阪急電鉄（当時は箕面有馬電気軌道株式会社）の経営者であった小林一三は，「日本型私鉄経営の原型」と呼ばれる**ビジネス・モデル**を考案しました。創立時から沿線住宅地の開発に着手し，乗客増加を狙って1910年には箕面動物園，1911 15

年には宝塚新温泉を開き，1913年には宝塚歌劇団の前身となる宝塚唱歌隊を創設しました。1929年には梅田駅（現在の大阪梅田駅）で阪急百貨店を開業し，鉄道会社による百貨店経営の先駆けとなりました。

↑結成当初の宝塚歌劇団
提供：阪急電鉄

5 　西武鉄道（西武グループ）も多角化を積極的に展開してきた企業です。戦前から沿線の宅地開発や，軽井沢や箱根などの別荘地の開発を進めました。戦後は，**高度経済成長**を背景に，苗場スキー場などのリゾート施設の開発やホテル事業を推進しました。1978年には，所沢を本拠地とする西武ライオンズ（前身はクラウンライター

10 ライオンズ）を設立し，同球団の経営は鉄道の利用者を増加させるとともに，西武グループのブランド認知の向上にも貢献しました。このような多角化とともに，近年では観光電車事業を展開し，乗客数の増加を達成しようとしています。

↑西武鉄道の観光電車「西武旅するレストラン52席の至福」

❸ ソニーの非関連型多角化

15 　ソニーは創業以来，エレクトロニクスを事業の中心としてきましたが，創業者の一人である盛田昭夫は，1970年代に銀行業への参入を検討していました。当時は規制のため参入は実現しなかったものの，1979年には外資との合弁会社としてソニー・プルデンシャル生命

20 保険を設立しました。その後，インターネットの普及と金融業界の規制緩和を背景として，2001年6月にインターネット銀行としてソニー銀行の営業を開始しました。
　エレクトロニクス事業から金融業界への参入は非関連型多角化です。ただし，ソニーはこれまで培ってきた

25 ICTや顧客志向の強い企業文化をもとに，顧客の声を反映した利用しやすい金融サービスを提供することで**競争優位**の実現を目指しています。ソニー銀行は，金融機関の顧客満足度に関する調査で，2007年から9年連続で首位の座を獲得し，現在も高い評価を得ています。

▼ソニーの主な事業

テレビ事業　　スマートフォン事業

ゲーム＆ネットワークサービス事業

SonyMusic GROUP

金融事業　　音楽事業

Key Word

多角化，関連型多角化，非関連型多角化，ビジネス・モデル，競争優位

日付記入欄　読んだらチェック！
☑ 　年　　　月　　　日

企業が成長するためのビジネスのひろげ方

Study 1　あなたが興味ある企業がどのような事業を展開しているか調べよう。

身近な例では，一つの会社が色々な外食チェーンを展開していたりします。

企業名	事業
（例）阪急電鉄	（例）鉄道事業，不動産事業，エンタテインメント事業（宝塚歌劇）

advance　調べたことをグループで共有しよう。

Study 2　Study1 の企業が展開している事業がそれぞれどのように関連しているか，または関連していないか考えよう。関連している場合は，どのような点が関連しているか，関連していない場合は，なぜ，その事業を経営しているか考えよう。

知っている企業の Web サイトをみると，色々な事業を展開していることがわかるよ。

企業名（関連している）	関連している点
（例）阪急電鉄	（例）鉄道の沿線に，住宅や商業施設の開発をし，さらには郊外に娯楽施設を設けることで鉄道利用客の増加を狙っている。

企業名（関連していない）	なぜ多角化しているか
（例）ソニー	（例）顧客の声を反映するという経験を活かせば，他の事業も成功させられるから。

advance 考えたことをグループで共有しよう。

Study 3 一つの企業を選び，「このように多角化したら面白い」「こんなメリットがある」というアイディアを出してみよう。

関連型多角化のほうがアイディアを出しやすいよ。

企業名	（例）○○鉄道
多角化の内容	（例）マッサージ・リラクゼーション事業
多角化のメリット	（例）特急列車の車内に，リラクゼーションスペースを作ってサービスを提供することで，顧客満足度を上げる。

企業名	
多角化の内容	
多角化の利点	

advance 考えたアイディアをグループで共有しよう。

Case 事例 26 事業転換を支える経営資源

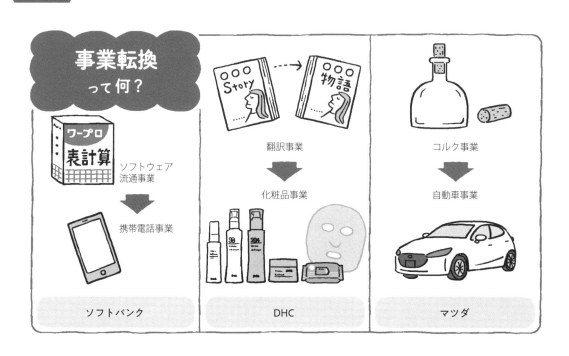

事業転換 って何？		
ワープロ 表計算 → ソフトウェア流通事業 → 携帯電話事業	翻訳事業 → 化粧品事業	コルク事業 → 自動車事業
ソフトバンク	DHC	マツダ

1 企業の存続と事業転換

　企業が長期的に存続するためには，経済状況に合わせて事業領域を転換させる必要があります。新技術の台頭によって既存事業が廃れるという例は数多くあります。企業が**事業転換**する方法としては，①既存の**経営資源**（人的資源や特許など）を別の用途に転用する方法や，②他企業を合併・買収（**M&A**）する方法があります。経営者は，企業を存続させるために，長期的な技術や市場の浮き沈みを予測し，それに対応できる経営資源を構築することが求められます。

↑花札
写真提供：任天堂（以下，5点目まで）

2 任天堂：花札からゲーム機へ

　ゲーム機メーカーとして革新的な製品を生み出している任天堂は，もともとは花札メーカーでした（1889年創業）。3代目の社長であった山内溥は新たな製品や事業を模索し，その初期の成功例は1959年に発売されたディズニーキャラクターのトランプでした。その後も特定の事業への依存を避けるために，ウルトラハンドや光線銃などのヒット商品を開発，販売しました。

↑トランプ

1970年代になると，国内外でゲーム機が発売されたことを受け，任天堂も家庭用と業務用のゲーム機の開発に着手しました。他社からも技術者を採用し，ゲーム開発を担当させるなどしました。1980年にはゲーム＆ウオッチが発売され，大きな成功を収めました。ゲーム＆ウオッチのヒットから得た資金を投じて開発されたファミリーコンピュータ（ファミコン）は1983年に発売され，任天堂は世界的なゲーム機メーカーとなりました。2017年に発売されたNintendo Switchは，全世界累計で1億台（2021年12月末時点）売り上げています。

↑ゲーム＆ウオッチ

↑ファミコン

↑ Nintendo Switch　◎巻末カラー写真

③ ブラザー工業：ミシンから情報通信機器へ

ブラザー工業は，1908年に設立された安井ミシン商会がその起源です。ミシンの製造にはモーター技術やプレス加工技術が必要であり，それが同社にとって重要な経営資源となりました。これらの技術をもとに，1950～60年代には，扇風機や洗濯機などの家電事業やタイプライター事業へと多角化を進めました。

1970年代に入ると，コンピュータ用のプリンタを開発し，1980年代には，ファクシミリ事業にも進出しましたが，これらの新規事業は当初から大きな成功を収めたわけではありません。また，1980年代には，主力製品であったミシンやタイプライターの売上も低下し，事業転換の必要性に直面していました。

当時の経営者は「21世紀委員会」を設置して，情報通信事業への経営資源の集中を決定しました。この決定が成長へと結びついたのは，1995年にアメリカで発売されたデジタル複合機です。同社のデジタル複合機は，他社と比べて小型で価格も手頃であったことから，中小規模の事業者に広く受け入れられ，情報通信事業への事業転換の足掛かりとなりました。

↑創業当初のミシン

↑現在のプリンタ複合機

←ブラザー企業情報サイト

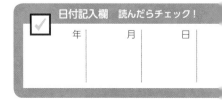
日付記入欄　読んだらチェック！
| 年 | 月 | 日 |

Study
1　身近に，事業転換をした企業があるか調べよう。また，その企業の歴史をまとめ，事業の変遷を調べよう。

> 歴史が長そうな企業を調べると，今と昔では違う事業をしていることもあるよ。

事業転換をした企業名	（例）任天堂
企業の歴史	（例）1889 年　創業。当時は花札メーカー。 （例）1983 年　ファミリーコンピュータを発売。

事業転換をした企業名	
企業の歴史	

advance　調べたことをグループで共有しよう。

Study 2

Study1 で調べた企業が，なぜ事業転換をしたのか理由を考えよう。

事業転換したときの社会状況がヒントになることもあるよ。

事業転換をした理由
（例）国内外で家庭用ゲーム機が発売。玩具メーカーとして，新たな挑戦として，ゲーム機の事業を始めた。

advance 考えたことをグループで共有しよう。

Study 3

事業転換を達成するには，どのようなことが必要になるか話し合おう。

変化に対応するには，どうしたらいいだろう。

事業転換に必要なこと
（例）自社の強みを理解すること

advance グループで話し合った中で出てきた最も良いアイディアをクラスで共有しよう。

本書では，それぞれの事例について三つの Study に取り組みます。それぞれの事例を知識として「知る」ことも大切ですが，Study の取り組みを通して事例を「探究」し，皆さんに次のような力を身につけてほしいと思います。

身につけてほしい力

- ・多くの情報から必要な情報を見つけ，信頼性の高い情報を見極める力
- ・一つの事柄について多面的に見る力
- ・話し合いやグループ活動を通して他の人と協力して，物事に取り組む力
- ・話し合いを円滑に進め，さまざまな発言や意見をまとめる力
- ・他の人の考えや意見を取り入れて，自分の考えを広げたり，深めたりする力
- ・科学的な根拠に基づいて分析したり，客観的に物事をとらえたりする力
- ・考えを文章でまとめたり，発表したりする力
- ・世の中の出来事に関心を持ち，自分のこととして受け止める力

次に，どのように Study を進めていけばよいか，その注意点を見ていきましょう。Study にある解答欄はすべて埋めるようにし，足りない場合は別紙を用意してください。

①事例を読む際のポイント

本文の事例を読む場合は，次の点に注意して読みましょう。
- ・一度目はざっと読み進めて内容をつかむ。
- ・二度目は，文末の Key Word の意味が理解できているか確認しながら読む。多くの Key Word は事例を読めばわかるようになっているが，わからない場合は自分で調べてみよう。
- ・各事例に関連する写真やデータなどが掲載されているので，それらについても確認する。
- ・QR コードがある場合は可能な限り見る。
- ・事例はできるだけ最新のものを掲載しているが，ビジネスは目まぐるしく移り変わっており，すべての事例を載せているわけではない。取り上げられた事例に関連して自分が知っている他の事例や，より最新の事例がないか考えてみる。

②情報を収集する際のポイント

情報収集する場合は，次の点に注意しましょう。
- ・できるだけ新しい情報を集める。Web ページにいつその情報が掲載されたかを確認する。検索時に期間を限定することなども有効である。
- ・検索方法を工夫する。
  - ✓ 用語を検索するときは「○○とは」と入力して検索する。
  - ✓ 用語と用語の間に「○○　△△」のようにスペースを入れると○○と△△を両方含むページを検索できる。
  - ✓ キーワードを入力した後，「ニュース」に絞って検索をかけるとキーワードに関連したニュースを検索できる。
- ・情報発信者の信頼性を見極める。Web サイトの開設者が明記されており，信頼できるものか

どうかを確認しよう。また，一つの情報に頼らずに複数の Web ページを見て比較するようにする。

・参考にした Web ページの URL をメモしておく。

・インターネット以外のツール（本，雑誌，論文，統計資料など）でも調べてみよう。

　※ Web でも閲覧できる統計資料の例

　　e-Stat 各府省の統計資料

　　http://www.e-stat.go.jp/

　　帝国データバンクが提供する統計とレポート

　　http://www.tdb.co.jp/report/

・調べる内容が多い場合は，グループ内で分担して調べてもよい。

・情報は取捨選択し，簡潔な文章や単語でまとめる。

③考えをまとめる際のポイント

　自分の考えやアイディアは，ただ考えているだけでは出てきません。問われていることについて判断するための知識や情報を得て，それを自分なりに理解して初めてオリジナルの考えが出てくるのです。考えをまとめる際には，次の点に注意しましょう。

・一つひとつの情報をできるだけ単純化，視覚化し，矢印でつなげるなど，論理的にまとめる。

・考えの裏付けとなる根拠を示す。

・調べたことや他人の考えと自分の考えを明確に分けて書く。

・統計資料など，客観的なデータで示せるものがあれば活用する。

④話し合いをする際のポイント

　ビジネスの世界では答えは一つではありません。話し合いをする段階では，まだ自分の考えを変える余地を残し，次のことに注意して参加しましょう。

・最初に進行役や書記を決めて，話し合いの目的と制限時間を確認する。（進行役や書記は毎回変えるとよい）

・参加者は必ず意見をいい，できるだけ多くの意見を出すようにする。

・意見やアイディア，調べた内容をあらかじめ付箋に書いておくと，話すポイントが絞りやすく，まとめやすくなる。

・他の人の意見をむやみに否定せず，意見は最後まで聞く。

・他の人の意見に便乗したり，話を広げたりしてもよい。

・進行役は話が脱線しそうなときは注意する。

・進行役と書記は出された意見をまとめ，最後に全員で確認する。発表する時間がない場合は，まとめたものを掲示するなどしてクラスで共有する。

・与えられた時間を守る。

⑤発表する際のポイント

　Study の内容によっては，グループで話し合ったことをクラス全体で共有することもあります。次の点に注意して発表しましょう。

・伝えたいポイントを絞る。

・わかりやすい言葉で，はきはきと話す。

・原稿をなるべく見ずに，前を向いて話す。

・聴いている人の視覚に訴えられるツール（模造紙や画用紙に書いたもの，プレゼンテーションソフトなど）が用意できる場合は用意する。

・一方的に話さず，問いかけたり，発表自体を対話形式にしたりする。

・話を聴く側は発表者が話しやすい雰囲気をつくる。

・毎回違う人が発表するようにする。

書籍

池上重輔監修，早稲田インバウンド・ビジネス戦略研究会（2019）『インバウンド・ビジネス戦略』日本経済新聞出版社.

井上理（2009）『任天堂：驚きを生む方程式』日本経済新聞出版社 .

老川慶喜（2017）『日本の企業家5 小林一三 都市型第三次産業の先駆的創造者』ＰＨＰ研究所.

大谷尚之，松本淳，山村高淑（2018）『コンテンツが拓く地域の可能性：コンテンツ製作者・地域社会・ファンの三方良しをかなえるアニメ聖地巡礼』同文舘出版.

小川孔輔（2011）『しまむらとヤオコー：小さな町が生んだ2大小売チェーン』小学館 .

小倉昌男（1999）『小倉昌男 経営学』日経ＢＰ .

越智直正（2018）『靴下バカ一代：奇天烈経営者の人生訓』日経ＢＰ .

川野幸夫（2011）『日本一強いスーパー：ヤオコーを創るために母がくれた 50 の言葉』産経新聞出版 .

ジョン・Ｐ・コッター（2002）『企業変革力』（梅津祐良訳）日経ＢＰ .

永井孝尚（2017）『「あなた」という商品を高く売る方法：キャリア戦略をマーケティングから考える』NHK 出版.

長沢伸也編（2019）『伝統的工芸品ブランドの感性マーケティング：富山・農作の鋳物、京都・吉岡甚商店の京鹿の子絞、京都・とみや織物の西陣織、広島・白鳳堂の化粧筆』同友館.

日経デザイン編集（2018）『星野リゾートのおもてなしデザイン』日経ＢＰ .

似鳥昭雄（2015）『運は創るもの：私の履歴書』日経ＢＰ .

沼上幹（2018）『日本の企業家 13 小倉昌男 成長と進化を続けた論理的ストラテジスト』ＰＨＰ研究所 .

能作克治（2019）『踊る町工場：伝統産業とひとをつなぐ「能作」の秘密』ダイヤモンド社.

安井義博（2003）『ブラザーの再生と進化：価値創造へのあくなき挑戦』生産性出版 .

柳澤大輔（2008）『この「社則」、効果あり。』祥伝社 .

矢作敏行編著（2011）『日本の優秀小売企業の底力』日本経済新聞出版社.

山本晶（2014）『キーパーソン・マーケティング：なぜ、あの人のクチコミは影響力があるのか』東洋経済新報社.

新聞・雑誌

伊藤健，山下奉仁，森岡大地，中村勇介（2019）「マーケター・オブザ・イヤー 2019 イノベーションを起こした6人を選出！」『日経 TRENDY』2019 年 8 月号 , pp.125-135.

「西表島、観光客数を制限 年間 33 万人 世界遺産登録めざす」『日本経済新聞』（夕刊）2020 年 2 月 1 日 , p.10.

遠藤邦生（2018）「大塚製薬「ポカリスエット」4348人でダンス、みんなが「主役」（CM裏表）」『日経MJ』,2018 年7月16日, p.2.

岸本まりみ（2014）「「去る者も戻れる」離職減る、サイボウズ、退職6年内の復帰制度で3％台に低下」『日経産業新聞』2014 年 10 月 21 日 , p.19.

小林直樹，酒井大輔，山下奉仁（2019）「繁閑差がビジネスチャンスを生む ダイナミックプライシングは万能か」『日経クロストレンド』2019 年 4 月号，pp.16-27.

酒井大輔，松野紗梨，山下奉仁（2020）「渋谷大変貌」で何が変わる？」『日経クロストレンド』2020 年 2 月号，pp.32-39.

関口圭「岡山県倉敷市 ジーンズ産業で観光誘致（わき出す地域パワー）」『日経 MJ』2008 年 8 月 25 日，p.10.

薗部靖史（2017）「教育を通じて企業活動を可視化させる場の提供：日本におけるキッザニアのブランディング KCJ GROUP 株式会社」『マーケティングジャーナル』，37(1)，pp.139-156.

玉置亮太（2019）「テクノトレンド(059) 倉庫が戦略拠点化 ユニクロ、ニトリに物流テック」『日経ビジネス』2019 年 3 月 4 日号，pp.78-80.

沢沼哲哉「ジーンズストリート 10 年、デニムの児島、青春謳歌、今や来訪者年 20 万人（ウエーブ岡山）」『日本経

　済新聞』2019 年 9 月 18 日，地方経済面（中国），p.11.

「１００人１００通りの働き方、どう実現（日経ＢＰ専門誌から）」『日経産業新聞』2018 年 12 月 20 日，p.18.

「物流テック（上）小売り勝ち組、倉庫もすごい（日経ＢＰ専門誌から）」『日経産業新聞』2019 年 3 月 26 日，p.18.

外薗祐理子（2020）「パルコ 実店舗をデジタルで革新 目指すはパルコ・アズ・ア・サービス」『日経コンピュータ』
　2020 年 1 月 9 日号，pp.72-75.

マネーベンチャー取材班 (2001)「第 2 部秩序への反抗、ソニー夢銀行（1）盛田の悲願（挑戦マネーベンチャー）」『日
　経金融新聞』2001 年 6 月 20 日，p.3.

マネーベンチャー取材班 (2001)「第 2 部秩序への反抗、ソニー夢銀行（2）厚かった社内の壁（挑戦マネーベンチャー）」
　『日経金融新聞』2001 年 6 月 21 日，p.3.

マネーベンチャー取材班（2001）「第 2 部秩序への反抗、ソニー夢銀行（3）出井の猛勉強（挑戦マネーベンチャー）」
　『日経金融新聞』2001 年 6 月 22 日，p.3.

宗像誠之（2008）「サイボウズ取締役副社長兼人事本部長山田理氏（インタビュー我が社の人材戦略）」『日経産業
　新聞』2008 年 10 月 15 日，p.21.

「マルオ被服：ジーンズのパイオニア、ファッション情報収集に力（中堅企業新時代）」『日本経済新聞』，地方経済面
　（中国），1984 年 7 月 6 日，p.11.

Web

アサヒ飲料株式会社（n.d.）「三ツ矢豆知識」(https://www.asahiinryo.co.jp/mitsuya-cider/sp/academy/，アクセ
　ス日時：2020 年 8 月 15 日).

株式会社 虎屋（n.d.）「とらやの歴史」(https://www.toraya-group.co.jp/toraya/tradition/，2020，アクセス日時：
　2020 年 8 月 15 日).

「観光客が限界を超える西表島 人気スポット 1 日 200 人に制限へ」『沖縄タイムス』（朝日新聞デジタル配信），
　2022 年 7 月 27 日配信，https://www.asahi.com/articles/ASQ7V66BCQ7VDIFI00F.html（アクセス日時：
　2022 年 11 月 8 日).

観光庁（n.d.）「観光地域づくり法人（DMO）の形成・確立」(https://www.mlit.go.jp/common/001302517.pdf，
　アクセス日時：2020 年 8 月 18 日).

厚生労働省（2017）「介護人材確保対策（参考資料）」(https://www.mhlw.go.jp/file/05-Shingikai-12601000-
　Seisakutoukatsukan-Sanjikanshitsu_Shakaihoshoutantou/0000175117.pdf).

「シェアリングエコノミー経済規模は過去最高 1 兆 8,000 億円超え、30 年には 11 兆円と予測 生活の充実度や幸福
　度向上にも寄与～シェアリングエコノミー協会、「シェアリングエコノミー市場調査 2018 年版」を発表～」(https://
　prtimes.jp/main/html/rd/p/000000032.000022734.html，アクセス日時：2020 年 8 月 18 日).

JTB 総合研究所（n.d.）「観光用語集 産業観光」(https://www.tourism.jp/tourism-database/glossary/industrial-
　tourism/，アクセス日時：2020 年 8 月 18 日).

消費者庁消費者政策課（2019）「共創社会の歩き方 2019~2020 シェアリングエコノミー」(https://www.caa.
　go.jp/notice/assets/5bdcc83477e2afcadfe26c2e490f42f2_1.pdf，アクセス日時：2020 年 8 月 18 日).

総務省（2018）『情報通信白書 平成 30 年度版』(https://www.soumu.go.jp/johotsusintokei/whitepaper/h30.html).

田上貴大（2020）「メルカリへのオリガミ売却価格は 1 株 1 円、事実上の経営破綻で社員 9 割リストラ」
　『DIAMOND online』2020 年 2 月 6 日 (https://diamond.jp/articles/-/228034，アクセス日時：2020 年 8 月 18 日).
　Tripadvisor（2020）「人気のテーマパーク トップ 10 日本」(https://www.tripadvisor.jp/TravelersChoice-
　Attractions-cAmusementParks-g29423，アクセス日時：2020 年 8 月 15 日).

ハーゲンダッツ ジャパン株式会社（n.d.）「Lesson 4 世界中で愛される」(https://www.haagen-dazs.co.jp/brand/
　academy/lesson4/，アクセス日時：2020 年 8 月 15 日).

●執筆

武蔵大学教授
古瀬公博

青山学院大学准教授
石井裕明

立正大学准教授
畠山仁友

駒澤大学准教授
武谷慧悟

ほか3名

写真提供・協力―西表島交通株式会社，種子島観光協会，吉本興業ホールディングス株式会社，KCJ GROUP株式会社，株式会社パルコ，星野リゾート　OMO7 旭川，ライオン株式会社，株式会社明治，株式会社ビームス，旭化成株式会社，キリンホールディングス株式会社，タビオ株式会社，株式会社ニトリホールディングス，大塚製薬株式会社，高崎市総務部企画調整課，株式会社 栄光，江崎グリコ株式会社，株式会社 明治，UUUM株式会社，株式会社マネーフォワード，株式会社ふくや，トヨタ自動車株式会社，白浜町役場，アマゾンジャパン合同会社，株式会社カヤック，株式会社ヤオコー，ヤマトホールディングス株式会社，サイボウズ株式会社，東日本旅客鉄道株式会社，PayPay株式会社，株式会社阿智昼神観光局，株式会社能作，首都圏外郭放水路管理支所，富士工場夜景倶楽部，西武鉄道株式会社，阪急阪神ホールディングス株式会社，ブラザー工業株式会社，任天堂株式会社

QRコードは(株)デンソーウェーブの登録商標です。

●編修
　実教出版編修部

事例探究ワークブック
ビジネス編

本文基本デザイン―難波邦夫
表紙デザイン―難波邦夫
表紙・マンガイラスト―立澤あさみ

●著作者―畠山仁友（ほか6名）

●発行者―小田良次

●印刷所―図書印刷株式会社

●発行所―実教出版株式会社

〒102-8377
東京都千代田区五番町5
電話〈営業〉（03）3238-7777
　　〈編修〉（03）3238-7332
　　〈総務〉（03）3238-7700
https://www.jikkyo.co.jp/

002302021　　　　　　ISBN　978-4-407-35021-0